瞽《ご》女《ぜ》うた

ジェラルド・グローマー
Gerald Groemer

岩波新書
1485

瞽女うた　目次

序　章　門付け唄を聴く　1

瞽女さが来らいた　瞽女のイメージ　瞽女の分布
「こうといな」の節回し　瞽女唄に「正調」はない　唄は商売
瞽女唄の聴き方

第一章　瞽女の時代——宿命から職業芸人へ　31

説話の中の「盲女」　中世の「盲女」と芸能　近世社会の瞽女
三種の瞽女稼業　瞽女組織の成立　沼津・三島の瞽女仲間
甲府の瞽女組織　高岡城下の瞽女町　長岡の瞽女組織
仲間組織の役割　妙音講　瞽女縁起　瞽女式目

第二章　近世旅芸人と瞽女　67

近世の芸能　芸能と倹約令　芸能の商品化と瞽女の抵抗
近世経済の裏面と芸能　当道の芸能　越後の大道芸人　説経語り
祭文語り　芝居と花街　読売の世界

第三章　瞽女を支えた社会　93
吉凶の施行　藩による扶持制度　巡業の規制　旅人の受入れ
取締りの強化　「偽者」続出　関東周辺での受容
甲斐と武蔵の村々の賄い代　村費に頼る「福祉」　越後の瞽女宿
瞽女の受入れと信仰

第四章　瞽女は何を歌っていたか——音楽文化の流行と流通　121
様々な瞽女　音曲師匠としての江戸瞽女　箏曲指南　浄瑠璃と瞽女
様々な三味線唄　唄の地域性　関東の瞽女のレパートリー
越後の「祝くどき」　関東の「蚕くどき」　「春駒」　越後瞽女と「万歳」
太夫のセリフ　才蔵のセリフ

第五章　越後の瞽女唄——節回し・三味線・物語　153
古い瞽女唄と新しい瞽女唄　「松坂節」　「祭文松坂」の展開
「段」の構造　「祭文松坂」の旋律　詞章とその形成　生まれ続ける新作
瞽女の「くどき」　人気の高い「くどき」　「くどき」の旋律と構造

終　章　終わらない終わり——瞽女が残したもの　193
芸能の商品化　明治の芸人取締り　瞽女・座頭の禁止令
越後瞽女の組織改革　束の間の隆盛　明治以降の衰退
録音と「自由」の喪失　近世の唄とモダンな唄　唄の盛衰と近代社会
瞽女唄が問うもの

後書き　229

参考文献　233

図版・写真出典一覧　241

本書で紹介する主な瞽女仲間・瞽女宿の所在・活動地域

序 章

門付け唄を聴く

巡業中の長岡瞽女．昭和 45 年(1970)前後の関谷ハナ，中静ミサオ，金子セキ．相場浩一撮影．

瞽女さが来らいた

それほど昔ではなかった。春先になると越後の農村に芸人がやってきた。民家の玄関が開けられ、外から「ごめんなんしょう」という声が聞こえた。そして三味線の音がペンペンと鳴り響く。中から家人が出て軽く挨拶をした。すると、二、三人の女性が門前に立ち唄を歌いはじめる。

視覚障害を持つ女性が道案内の手引きとともに、一年の大半僻地を巡り歩き、三味線伴奏の唄を歌った。瞽女《ごぜ》であった。中世の「御前」の転訛した語形である「ごぜ」は呼び捨てあるいは学術用語で、村人は「ごぜさん」「ごぜさ」「ごぜんぼ」などと呼んだ。

「おお、来たか来たか。待っていたで」

「はぁ、また来たがの。今夜泊めてくんなんしょ」

紺のかすりの着物に一幅のくけ帯、腰巻と縞の前掛けをし、髪型は銀杏返しまたは髷を結った。旅中には通常菅笠よりも深く幅広の「丸笠」(別名「饅頭笠」「瞽女笠」)をかぶり、笠の下は手ぬぐいで頬かむり、手甲と脚絆を付け、草鞋を履いた。

目的地に到着すると、瞽女はまず村の庄屋・旧家に赴き荷物を下ろし、三味線と米袋を持ち、二、三人一組で、村をひと廻りし、門々において短い唄を披露した。「さわぐ」あるいは「さわいで廻る」と越後瞽女が名付けたこの行為は、瞽女が来たことを村人に告げる役割を果たした。夜には宿で興行が催され、村人へのその広告の機能もあった。瞽女が泊まる宿の子供なども次々と近所へ走り嬉しい情報を触れ廻った。

「瞽女さが泊まりに来らいたいの」

「そうか、そうせば夕飯に行かんばんな」

瞽女が「さわぐ」ときには、地域と時代と場所によって変わる「門付け唄」を歌った。中越地方を広く巡業し、長岡系の瞽女の関根ヤスは、正月に「さわぐ」には「門付け唄」に加え、いくつかの段に分かれた長編で七五調を基本とする「祭文松坂《さいもんまつざか》」の一部も利用したという。同じく長岡周辺に活躍した瞽女の榎本トラは、七七調の長い「くどき」を「一軒で四《ヨ》言《コト》ずつ」歌ったことを覚えていた(「くどき」の一言《ヒトコト》とは七七の一句、「祭文松坂」は七五の一句)。現在の上越市に本拠をおく高田瞽女も同様に、「こうといな」「かわいがらんせ」など、門付け専用の唄の豊富なストックから適切な曲を選び、演奏した。

「門付け唄」の見返りに、家人はたいてい瞽女に茶碗一杯分の米を心付けとして差し出した。

米は重いので、瞽女は「銭の方がよい」と考えたようだが、俗信によれば不特定多数の人々から集めた米には霊力が宿るとされていたので、このいわゆる「瞽女の百人ごめ」と尊ばれた米は高い値段で買い取られた。この米を食べると頭がよくなる、風邪や病気の予防になるなどと信じられていた。

地域によっては、越後瞽女は米以外にも種々の報酬を受け取った。越後の刈羽郡《かりわ》を中心として活躍した明治十九年(一八八六)生まれの瞽女の伊平タケは、次のように回想している。

三島郡というのは木綿綿《もめんわた》作っているどこがあって、畑からとってきたのを、門付け唄歌えばゴゼさんにくれるんです。それで「綿どこに行ぎます」というてもらいに行って、うんと綿もらってきては、ほかして自分で使うとか、もらったままで綿屋へ売るとか、そういうこともありました。

それから「蒲原の麻《お》どこへ行く」てて、長岡からじき近い見附(見附市)の方に行くと、麻糸を作っていて、くれるショ(人)がある。それは麻を採る時によるが。

また「紙どこ」というのは、小国(刈羽郡小国町)の方で、紙をこしらえて干しておく時、門付けを歌うと、板から剝《へ》いでくれる。

それから「鯖石（柏崎市鯖石川沿岸）の豆どこ」というてね。豆はいらんども、米の代わりに豆くれて、豆いっぱい溜まりますコテ、じっき。それをどっかへ買ってもらって……。何だたて、銭がいりますンダ。豆や米はいらねンダ。わたしが小せえのは、重荷をかついで、太らんねかったからね。豆もろうが、米もろうが、何もろたても、重たいもん担がんけばならん。切ねいが……。

（伊平タケ述『聞き書 越後の瞽女』）

伊平タケは越後の蒲原《かんばら》郡の「真綿どこ」にも足を延ばし、やはり真綿をもらった。群馬県を廻った際には、銭ばかりであったことを覚えていた。都会に近くなると貨幣経済が浸透していたことの現れである。

門付け唄を歌いながら村々を廻った越後瞽女は、やがて「瞽女宿」と称された宿泊先に戻り、あらためて挨拶し、宿主にいわゆる「宿唄」を一つ、二つ聴かせた。めでたい「瞽女松坂」などを歌うのがよいとされ、人気の高い「新保《しんぽ》広大寺《こうだいじ》」や「くどき」の抜粋などで間に合わせることができた。この唄を独唱、あるいは瞽女一組全員が交互に一節ずつ歌い、終わると急いで風呂を浴び、晴れ着に着替え、宿主が用意した質素な食事を済ませた。そして夜の席に臨んだ。

その間、村人が客間にぼつぼつと集まった。演奏がはじまり、若い瞽女が前座を歌い終わると、ようやく年長の瞽女が長編の「祭文松坂」または「くどき」の一段を誦し、聴衆の涙を誘った。村人が持参した少しばかりのおひねりは瞽女の報酬の盆に入った。

この曲の演奏が終わると、瞽女たちは無尽蔵のレパートリーから「おけさ」「松前」(越後追分)「磯節」などの雑歌《ざっか》を選び、聴衆の涙を笑いに変えた。聴き手に酒が入ると財布の紐が緩くなるため、瞽女は要望に応えて少しでも多く銭を稼ごうとしたが、休みなく夜中過ぎまで歌わされることもあり、実入りはその分増えたものの、やはり瞽女稼業は辛いと演奏者はつくづく感じていたようである。翌朝には粗末な弁当をもらい、お礼のしるしとして祝唄などを歌唱し、次の村に急いだ。そして同じ日課がもう一度繰り返された。

瞽女のイメージ

近世の瞽女人口は関東上信越、甲斐、駿河に集中した。出雲国、隠岐国、石見国など中国、四国、中部地方にも芸人として活躍していた「盲女」は各地におり、九州にも門付け芸を演じる瞽女が二十世紀まで見られた。にもかかわらず、戦後に「瞽女」といえば「越後」と受け取られるようになった。それはなぜであろう。

越後の瞽女は、明治以降も県政府に弾圧されることはなく、村人も瞽女の活躍を長らく支援し続けた。新潟県では大正、昭和にも瞽女は珍しくなかった。しかし近代化にともない、越後瞽女の多くも按摩業に転業し、結婚し、しだいに現役を退いた。戦後は高田（現・上越市）と長岡の瞽女稼業に不可欠な仲間組織、すなわち年功序列を基本とする職能集団が維持できなくなり、瞽女文化の終焉は時間の問題となった。

消え去ろうとしている瞽女の生活、仲間組織、レパートリーを目の前にして、民俗学者、民謡研究者、作家、文化庁などは危機感を抱きはじめた。

すでに昭和二年（一九二七）、伊平タケの演奏する「松坂」と「新保広大寺」がラジオで放送されていたが、戦後の昭和三十七年（一九六二）にその声はもう一度電波に乗った。昭和三十九年（一九六四）に高田瞽女の最後の家を保っていた明治三十一年（一八九八）生まれの杉本キクエ（またはキクイ）、大正五年（一九一六）生まれの杉本（五十嵐）シズ、大正四年（一九一五）生まれの手引き・難波コトミはテレビ取材され、翌年の十月二十三日、杉本家の瞽女は「第十六回全国民俗芸能大会」に登場、四年後には国立劇場の「日本の民謡」に出演した。昭和四十八年（一九七三）に杉本キクエが覚えていた唄がレコード会社によって収録されはじめ、同時に、新潟県在住研究者の佐久間惇一らの努力により、新発田市教育委員会が、長岡系の瞽女の小林ハル、明治四十二年（一九〇九）生まれの土田ミス、明治二十七年（一八九四）生まれの中村キクノらの唄

（計一六〇種以上）を録音・保存するプロジェクトを発足させた。昭和五十年（一九七五）から昭和五十四年（一九七九）にかけては、上越市が杉本家のレパートリーをほぼ網羅的にテープに収録した。

文化庁は、伊平タケと杉本キクエを昭和四十五年（一九七〇）に、明治三十三年（一九〇〇）生まれの小林ハルを昭和五十三年（一九七八）に「記録作成等の措置を講ずべき無形文化財」と認定した。

保存に並行して、越後瞽女が培ってきた生活文化を記録する様々な取り組みも開始された。戦前には市川信次をその嚆矢としたが、一九七〇年代からは佐久間惇一、斎藤真一、鈴木昭英、桑山太市、桐生清次らがさんざん辛苦を重ね、詳しいフィールドワークの成果を相次いで発表した。その結果、越後瞽女の組織、師弟関係、歌謡、習慣、民間信仰との関わりなどの全貌が次第に明らかとなった。また越後瞽女が語った昔話も注目されるようになり、岩瀬博、水沢謙一などがそれを採集し著書として刊行した。

マスメディアも頻繁に瞽女を取材し、越後瞽女に関する情報が新聞雑誌に掲載され、新潟県に限らず全国に知られるようになった。瞽女たちへの関心は一層高まり、この波に乗り、昭和四十七年（一九七二）には写真家の橋本照嵩、翌年には安達浩が「瞽女の最後の巡業」あるいは

「最後の瞽女」と言われた女性たちの姿を写真に収めた。昭和五十年(一九七五)には作家の水上勉が『はなれ瞽女おりん』と題する小説を発表、二年後に篠田正浩が映画化し、字幕つきで全世界に上映され、瞽女イメージの形成に絶大な影響を与えた。

一九七〇年代には越後瞽女は東京のホールで瞽女唄を演奏したり、スタジオで吹き込みを行ったりした。昭和四十七年(一九七二)三月七~九日に高田瞽女の杉本一家は主な出し物を収録し、同年十月十一日には長岡系瞽女の大正元年(一九一二)生まれの中静ミサオ、大正二年(一九一三)生まれの金子セキ、明治二十九年(一八九六)生まれの加藤イサも持ち唄を録音した。これらの演奏はCBSソニーより『越後の瞽女唄』としてリリースされ、多く人の手に届いた。翌年に刈羽系瞽女の伊平タケも東京で公演を行い、この演奏も直ちにレコード化された。

その後、越後瞽女唄の録音とレコード製作は散発的に続いたが、瞽女の高齢化と相次ぐ死去により生演奏の記録は困難となった。こうして、七〇年代に収集された曲、情報、写真などが今日の「瞽女」のイメージを確定するようになったといえる。

これらの文化財は貴重だが、「瞽女文化」のわずかな一部しか伝えていない。高田瞽女では杉本一家が伝承した唄しか録音されておらず、刈羽系瞽女も伊平タケ一人しか調査されてこなかった。研究と唄の収録の対象となったのは長岡系の瞽女が多く、晴眼者の後継者は若干名が現在も活躍中であるが、採録された瞽女の唄は例外なく高齢者の演奏で、代表的な演奏といえるかは疑問の余地が残る。

新潟県外の録音資料とフィールドワーク情報はさらに少ない。昭和三十五年(一九六〇)、竹内勉は埼玉県を中心に活躍した明治四年(一八七一)生まれの榎本フジを訪れ、「一口松坂」「蚕くどき」などを録音した。水野都沚生《としお》は長野県飯田で最後の瞽女といわれた明治二十四年(一八九一)生まれの伊藤フサエの唄を収録し、昭和五十三年(一九七八)には明治四十四年(一九一一)鹿児島で生まれた瞽女の荒竹タミのゴッタン(木製の三味線)伴奏の唄も採録された。

無数の瞽女が数百年間こつこつと巡業した静岡県、山梨県、飯田市以外の長野県、関東地方各地をはじめ、中部、中国、四国、九州などでは録音は皆無に等しく、調査なども非常に限られている。各地に築き上げられた瞽女文化のほとんどは跡形もなく消えてしまったわけである。

こうして、今日の瞽女イメージは越後瞽女の特徴を強く反映することとなった。実際の瞽女像を得るには、越後瞽女から学びつつ、その背後にある空白を絶えず念頭に置く必要がある。

瞽女の分布

日本の歌謡文化の発展に大きく貢献した瞽女は、数百年にわたり各地で活躍した。瞽女文化の黄金時代は近世中期から明治である。一二〜一三頁の表1では地方文書に散見する瞽女の人口に関する情報をまとめた。しかし、人口が記録されていない地方、史料がまだ発見されていない地方は多く、実際の人口は表に掲載されている数字よりはるかに大きかったことは間違いない。

芸人であったか特定できない「盲女」として記録された「瞽女」は、表1からは省いた。享保八年(一七二三)五月の江戸では「盲女」は千七人と数えられている。全員が箏曲と三味線唄などで生計を立てたとは考えにくいが、とくに女性町人に音曲稽古をつけた瞽女も多数含まれたと想像される。あるいは宝暦二年(一七五二)の広島藩でも視障者の人口調査が行われ、「盲女」三百九十七人が数えられた。天明二年(一七八二)の富山城下にも三十一人の「盲女」がいたことが史料からわかる。

瞽女と男性視障者(座頭)が合算されている史料もあるが、瞽女の割合は算出できないので、その数字も表1では省略せざるをえなかった。天保二年(一八三一)の高松藩(現・香川県)の人口記録には二百八十一人の「瞽女・座頭」が掲載されている。視覚障害は性別を問わず発生すると考えれば、百人以上の瞽女はいたと考えられる。

関八州、中国、九州地方などにおいて、瞽女は点々と数人ずつの小規模な仲間を結成したが、

日本各地の瞽女人口(抄)

現埼玉県さいたま市岩槻区か 同県吉見町か	万延元年(1860) 同上	岩付組 6 人 由見組 16 人
現愛知県刈谷市(三河国刈谷新町)	文政 3 年(1820)	20 人以上
現石川県羽咋郡・鹿島郡 同県金沢市(金沢城下)	文化 11 年(1814) 文政 7 年(1824)	94 人 21 人
現福井県小浜市(小浜)	天和 3 年(1683)	22 人
現島根県松江市(松江城下白潟町) 同県美郷町とその近辺 同県(出雲国・隠岐国) 同県(大原郡) 同県(石見国幕府領)	貞享元年(1684) 宝暦 3 年(1753) 宝暦 4 年(1754) 寛政 12 年(1800) 宝暦 3 年(1753)	18 人 九日市組 14 人 大家組 1 人 139 人 7 人 60 人
現岡山県(備前国・備中国)	宝永 4 年(1707)	30 人
現山口県(徳山領)	寛政 4 年(1792)	16 人
現愛媛県上島町	明治 5 年(1872)	8 人
現高知県(土佐藩)	明暦 4 年(1658)	12 人
現宮崎県(延岡藩)	弘化 4 年(1847)	6 人
現熊本県八代市(八代城下)	寛政元年(1789)	5 人
現鹿児島県(薩摩・大隅・日向)	宝永 3 年(1706)	28 人

その総人数は把握しにくい。現在の群馬県には桐生組、館林組、高崎組、前橋組、伊勢崎組など、現在の埼玉県には大宮組、岩付(槻)組、川越組など、現在の千葉県には船橋組、八幡組、葛西組などが確認できる。越後にも表1の長岡組と高田組以外、数人規模の小さな組が散在した。杉本キクエの記憶によれば、「浜瞽女」(土底《どそこ》組、別名犀浜《さいはま》組と西野島組)と「山瞽女」(田《た》麦《むぎ》組)の二例がある。

表1　近世～明治初期における

現青森県八戸市	享保11年(1726)	74人
現岩手県(盛岡藩)	延享元年(1744)	84人
現秋田県(久保田藩)	延享4年(1747)	190人
現新潟県長岡市(上組)	弘化3年(1846)	6人
同上(西組)	安政5年(1858)	23人
現新潟県(高田領)	延宝9年(1681)	26人
同上(高田町)	正徳頃(1711～16)	12人
同上	寛保2年(1742)	名替瞽女16人 小瞽女4人
同上	文化6年(1809)	56人
現長野県松本市(松本領)	享保8年(1723)	57人
同上(松本町)	享保10年(1725)	24人
同県長野市(松代藩)	天保8年(1837)	11人
現岐阜県高山市(高山壱之町)	安政5年(1858)	37人
現山梨県甲府市(横近習町)	明治3年(1870)	160人
現静岡県静岡市(駿府城下)	元禄5年(1692)	38人
同上	宝暦13年(1763)前後	121人
同県三島市	明治8年(1875)	42人
同県沼津市	天保14年(1843)	60人

表1の年代と地域はバラバラであるが、掲載の諸例から、近世を通して瞽女は青森県から鹿児島県まで、畿内以外のほぼ全国に根を下ろしていたことがわかる。その北限は蝦夷地にあった。文化四～文政四年(一八〇七～二一)に成立した『松前《まつまえ》歳時記草稿《さいじきそうこう》』によれば、毎年一月三日より「盲男女」が松前の城下の家々を廻り、年始の布施を貰った。「娼家にて三味線大鼓を打しむるも、皆此盲男女也」とあ

る。主に一月に門々を廻ったので、避寒の中を越後から渡来したはずはない。やはり地元の瞽女であろう。正月以外の祝い事の節にも松前の瞽女・座頭は家々に招かれ、唄を歌い三味線を弾いた。

津軽藩の郡中にいた「瞽男女三百八十人余」という数字が明和元年(一七六四)の『平山日記』に記録されているが、出羽、陸奥などの女性視障者の多くは、芸能者というよりも口寄せ巫女(イタコ、市子、ワカなど)であり、民間宗教者に分類すべきであろう。ただし宗教儀礼と世俗芸能が峻別できない時代に、両者を完全に切り離すことも賢明とはいえない。旅稼ぎする越後瞽女も、仏の教えなどを日本語で讃嘆する和讃を歌い、十八番の「祭文松坂」にも強い仏教の香りが漂っている。

「こうといな」の節回し

瞽女唄の全貌を把握するためには越後瞽女だけでは不充分とはいえ、越後の瞽女唄は各地の瞽女唄の基本的な特徴を窺わせる。なかでも門付け唄は近世〜明治期の瞽女唄を理解する大いなる手掛かりとなる。「門付け唄」は村々を廻るときだけでなく、町内を廻るときにも使われた。雪の季節の長い高田の場合、瞽女は雁木《がんぎ》の中に立ち、住民を楽しませた(図序-1)。

高田瞽女の「こうといな」という唄を見てみよう。曲名の意味には諸説あるが、人気の歌詞は以下の四種である。

色はェー　色はむらさき、目もとは浅黄
忍ぶこころはェー　くやよぞめェー
忍ぶこころはェー　くやよぞめェー

花はェー　花は折りたし、梢は高
し
花にこころをくれやてきたェー
花にこころをくれやてきたェー

とんとェー　とんと白波、うちか
けられて
ぬれてかえらん　客やもなアェー

図序-1　高田の草間家の瞽女が町中で門付け唄を披露する．昭和14年(1939)1月，濱谷浩撮影．

ぬれてかえらん　客やもなアェー

声はェー　声は義経、思いは静

吉野山にてすてられたェー

吉野山にてすてられたェー

昭和五十一年（一九七六）の録音では高田瞽女三人は曲を斉唱しているが、独唱もむろん可能であった。唄は音楽的にも文学的にも一種のA―B―B形式をなしている（譜例序-1）。旋律は越後の有名な民謡「新保広大寺」から派生した可能性が高く、瞽女たちはその旋律に工夫を施し、元唄には使われていない歌詞を採用し、「こうといな」という新曲に変えたのである。

ここで「こうといな」の旋律と歌詞との関係に注目されたい。ここに紹介した四種の歌詞は「こうといな」の「替え唄」であるのに対し、旋律は基本的に同じである。実は他の越後瞽女唄の大半も「替え唄」である。演奏所要時間二十～三十分の長編「祭文松坂」や「くどき」も例外ではない。

譜例序-1　高田瞽女の門付け唄「こうといな」(三味線伴奏を省略)．演奏は杉本キクエ，杉本シズ，手引きの難波コトミ．柴田南雄が高田にて録音(1976 年 5 月 31 日)．柴田純《すみ》子採譜．実音は長 3 度下．♩＝106

つまり瞽女唄を決定するのは歌詞ではなく、その旋律と音楽的な要素なのである。明治以前にもそうであったと思われるが、残念ながら昭和以前の瞽女唄はほとんど録音が残っておらず、正確な楽譜も存在しない。近世の瞽女唄の構造、様式など、音楽的な要素をその後に伝承された素材から推測するしか道がない。

入門時の若い越後瞽女は「岡崎女郎衆」や「金毘羅舟々」などの三味線独奏版を稽古し器楽曲も演奏した。したがって瞽女唄の歌詞のみに注目して音楽的要素を軽視すれば、瞽女唄の本質を把握することはできない。歌詞はもちろん重要ではあるが、瞽女唄の魅力はその節回しによるところが大きいのである。

瞽女唄に「正調」はない

門付けの演奏では瞽女が一人で弾き歌う場合も、一人が三味線を弾きもう一人が唄を担当することもあった。複数の瞽女が交互に歌ったり、斉唱したりすることも珍しくなかった。

数人の瞽女が斉唱する際、同じ組に所属する者でも、また師弟関係であっても、節回しを完全に統一する必要はなかった。音が微妙に異なっていても、むしろ個人の特徴として是認された。

師匠が伝授した唄は意識的・無意識的な些細な変形を経て旋律がじわじわと進化し、これに替え唄の歌詞がのせられると「新しい」唄が出現した。しかし、唄の進化と発展は通常もっと限定的で、師匠から門下へと伝わった旋律は「同じ」と認識された。実際、数回録音された同じ高田瞽女の門付け唄「かわいがらんせ」の演奏を比較してみると、録音年がかなり離れていても、三人の女性のそれぞれの旋律はほとんど変化していない。

高田瞽女の門付け唄「かわいがらんせ」の歌詞と旋律を見てみよう（次頁、譜例序-2）。三人の合奏を採譜したこの譜例の二段目、三段目を見ると、一番下に記された歌い手の声部は録音を問わず低音域まで下がり、そこから次第に上昇し、最後に他の二人と同じ音高で終わる。演奏者の一人杉本シズは昭和五十四年（一九七九）のインタビューで「同じ調子だけれども、節回しの出し方で、声を上にあげる人もあるし、下げて歌っている人もあるよ、それは自分の思い思いだから」と明言している。和声を意識して自らの旋律を調整しているとは思われないが、これを三重唱と呼んでも差し支えなかろう。

せんよ《［千夜か］》（いくよ）通《かよ》ても逢われぬ時は

譜例序-2　高田瞽女の門付け唄「かわいがらんせ」(三味線伴奏を省略). 演奏は杉本キクエ, 杉本シズ, 手引きの難波コトミ. 柴田南雄が高田にて録音(1976年5月31日). 演奏者3人それぞれの歌う旋律線がよく聞こえる. 柴田純子が採譜した旋律を便宜上5度高く移調した. ♩＝112

ご門とびらにソリャ文《ふみ》を書く
ご門とびらにソリャ文を書く
ご門とびらにソリャ文を書く時は
すずり水やらソリャ涙やら
すずり水やらソリャ涙やら

瞽女の弟子は、師匠の多数の歌唱例から旋律のある要素を聞き取り、稽古する度に無意識にそれを選び出したので、伝わったのは統一された「正調」ではなく、様々な模範演奏であった。「師匠の唄に忠実でない」「間違い」「下手な演奏」という評価基準はあっても、そもそも口頭伝承にはこのような自由と余裕が付きものであった。

しかし異なる師匠に稽古を付けられた瞽女が一緒に巡業し演奏するときには、音楽的な統一がやはり必要だった。長岡では若い瞽女は師匠を一時的に離れ、城下の大工町にあった瞽女頭の山本ゴイの家に派遣され、その直伝を受けた。明治三十一年(一八九八)に長岡系の瞽女は仲間組織の刷新を図っているが、その際作成された「中越瞽女矯風会規約」の第十三条にもこの制度が明記されている。山本の家系を守るために、また「芸道発達と各自の教育を需《もと》めんが為め」にも、年中十名以上の見習い稽古人が同家に詰めていた。

それでも、瞽女が口頭伝承で習得した唄は地域によって、仲間によって、組によって、家によって、そして個人によっても異なった。統一された「正調」の欠如こそ、実は瞽女唄のもう一つの重要な特徴である。

唄は商売

地方を廻り、唄を歌う行為は越後瞽女の言葉で言うと「商売」であった。

商売だからこそ柔軟に対応することが求められた。例えば、「さわぐ」ときは農作業と雑用に忙しい相手がさっと理解できる唄を選び、夜の席には対照的に「段物《だんもん》」とも称された長い「祭文松坂」を演奏するなど、瞽女は唄の長さ、音域、音量、速度、伴奏などを状況に合わせて対応した。

黙って門を廻れば無芸の「乞食」とみなされるので、演奏は稼業の正当性に欠かせない象徴であった。それでも昼間に声が嗄れてしまうと、夜の席の支障となり、収入がその分減る。声の疲労は瞽女にとって大敵であり、どうしても避けなければならなかった。少しでも楽に歌えるように、瞽女は唄をうまくあんばいして演奏した。
他の門付け芸人も同様であった。若い頃青森県でいわゆる「ボサマ」（盲目の男性旅芸人）として廻っていた津軽三味線の名手、高橋竹山は次のように回顧している。

調子を下げて楽にうたった。汗ながしてみたところで米盃一つ。何十軒もたれが手間だれくせえ、まじめな唄はうたえない。アーアーアーと声を出して、ここは人いたべがなと耳をたて、いればハハァいる、と思って「花のお江戸の……」とやる。それもなるべくながく三味線ならして、あまり唄うたわないうちに早く米くれればいいと思いながら待っているんだ。家の中で米をくれそうな音と気配がする。そせばうたい出す。せば、唄の好きな人は、ボサマ声いいナ、米コけるからもっとうたってくれ、っていわれれば、こんど口説うたうわけ。くれないといい唄うたわない。商売だもの。

（高橋竹山『自伝　津軽三味線ひとり旅』）

竹山の語った「花のお江戸の」は、越後瞽女もよく歌った「鈴木主水《すずきもんど》」と題される「くどき」である。わけても関東地方を旅廻りする瞽女にとっては必須の演目であった。

日がな一日門付け唄を歌う越後瞽女は窮余の一策として音域を下げ、歌わないときは三味線を力強く叩き、声の保護を図った。竹山が説明するように、「門かけて何十軒と歌わねばならないボサマたちは、あたり前の調子で歌っていれば、体がもてるもんでなかった……調子を下げて楽にうたった」。ただ、「唄の好きな人は「あら、いいなこの節、どんだ一服やじゃ、三十銭やるからひとついい唄うだえじゃ」という人もいらね。その時は三味線の調子を締めていい唄うだわねばまいね」。それは門付け芸人が長い年月を経て身に付けた知恵であった。

群馬県を巡演した瞽女の伊平タケも同じく「五十文もらたスケ(頂いたから)、もう一つ歌わんきゃならんでね」という。「門付けは二つ歌うけども、その二つ歌って「小銭《こぜん》もろたスケ、もう一つ歌いなさい」とか、「ほかの唄、歌わんきゃなんね」といわれんが、越後のように米はくんねえの」と述べる。津軽のボサマと同じく、越後瞽女にとっても、唄は師匠に譲られた貴重な商売道具にほかならなかった。

このような環境は、唄に直接的に影響を与えた。次の譜例にある「岩室」という長岡系瞽女の門付け唄からも、それを窺い知ることができる(譜例序-3)。

「岩室」は大音量の三味線伴奏が特徴的である。伴奏はうるさいほどしつこく、旋律は歌唱しやすいように音域が低く設定され、門付けにぴったりの曲である。

　三味線は通常瞽女の強力な味方であったが、雨には意外に弱い楽器であった。猫皮か犬皮が張られた越後瞽女の三味線は傷みやすいので、悪天候に悩まされた高田瞽女は無伴奏の「雨降り唄」で雨宿りした（次頁、譜例序-4）。三人の瞽女が同時に歌うか、あるいは最初のフレーズは一人が歌い、後に二人が次第に加わるなど、多様な方法で歌われた。

譜例序-3　長岡系の瞽女が歌った門付け唄「岩室」（冒頭の部分）．歌い手は加藤イサ，金子セキ，中静ミサオ．1967年2月23日録音．歌詞は「咲いた花より，咲く花より，さかぬお主のイヨそばがよい」と続く．三味線の実音は1オクターブ下．

　このように、瞽女の演奏や演目は場所、事情、季節、相手の好みなどにより臨機応変だった。聴衆の好みに対応するため、そしてなるべく多くの銭米を稼ぐためにも、短い雑歌から長い「段物」まで、種々雑多なレパートリーを用意しなければならなかった。そのつもりで幕末~明治期以降、越後瞽女は他の芸人からほぼ無差別に万歳、民謡、流行歌、端唄などを「盗み」、長唄や浄瑠璃のさわりを習い、仏教色の濃い和讃まで習得し

譜例序-4　高田瞽女の「雨降り唄」.「桜か蓮華の花か，どこへござるや皆殿さ」. 柴田南雄が高田にて録音(1976年5月31日). 柴田純子採譜. 1つのフレーズの演奏所要時間は約7~8秒.

た。これらの唄はすべて広い意味での「瞽女唄」であった。

唄ばかりではなかった。昔話も語り、宿の子供たちを楽しませた。持ち話数十話の瞽女もいた。また養蚕が盛んな地域では、瞽女は民間信仰の対象としても一役を担った。養蚕にたずさわった家はとりわけ彼女たちを手厚く迎え世話をした。瞽女は何といってもプロの芸人であった。

瞽女唄の聴き方

ここまでは演奏者の立場から瞽女唄を論じてきたが、聴き手の立場から考えてみよう。というのも、瞽女唄を現代の社会でどのように聴けばよいのかを問う必要があるからである。この問いに対し、明快な答えを提示する研究者は甚だ少ないように思う。

例えば、越後瞽女に関する多くの貴重な研究を発表した斎藤真一は、著書『瞽女――盲目の旅芸人』において、瞽女唄を「大地から季節によって芽生えた草花であり樹木のようである」と述べたり、あるいは瞽女唄は「自然という大義にそむかないで充分に育っていった」など、やや大仰な表現で描写したりしている。このように瞽女唄を自然現象の延長とみなし、自然と社会が一体をなす「風土」の産物と解釈している研究者は他にも少なくない。このような解釈は、瞽女唄にある種の幻想的なイメージを与えるには役立っているかもしれないが、唄の真の理解をむしろ後退させてしまう嫌いがある。

唄は、悠久の自然現象ではない。時にごく短時日のうちに人々の作為や努力により大きく変化するものである。瞽女唄を安易に自然と結びつける論議は、こうした人間の営為に関わる歴史的展開こそが瞽女唄を決定的に意味づけている、という事実を見えなくさせている。

一方、瞽女唄の歌詞の構成法を入念に分析した国文学者の山本吉左右は、好著『くつわの音がざざめいて』において、越後瞽女唄を「長唄や新内などいわゆる邦楽に慣らされた私たちの耳には、歌といい三味線といい、なんとも挨拶の困るような代物だ」と書いている。この戸惑いは、山本の真率な告白と読めるが、そこから一歩踏み込んで、現代人が瞽女唄をどのように聴けばよいのかについて述べるには至っていない。ただし、山本は同著書のなかで、越後瞽女唄には「特有の聴き方があったらしい」と推測している。筆者は、この「特有の聴き方」についてもう少し踏み込んで慎重に検討する必要があるように思う。

明治以前、瞽女唄を聴くという行為が日常茶飯事であった人々にとって、「特有の聴き方」とはどのような聴き方であったのかを、再現することは、もはやかなわない。現代社会と近世の瞽女が生き抜いた社会との隔たりはあまりにも大きいからである。現代人からみれば、一世紀前の地方社会における大多数の人々にとっての知的、文化的、音楽的な経験は、いちじるしく刺激に欠けたつまらないものと映るに違いない。江戸時代の富裕層でさえ、我々の基準に照らせば、我慢できないほど不便で不快な環境に生きており、社会の下層ならばなおさらであったろう。

過去と今日との間の生活感覚の隔たりは、瞽女唄の歌詞からも読み取ることができる。越後瞽女が歌った「松前くどき」に「雨は三年、ひでりが二年、両方合わせて五年の不作、むすめ売ろうか田地を売ろうか、田地この家の宝であれば、むすめ売ろうとご相談いたし、三十五両で五年の年季、売られこんだるこの身でござる」とある。近世の農民が突きつけられた胸の張り裂けるような選択肢である。幸い今日の農家は、仮に倒産しても、娘を売るということはなかろう。江戸時代の農民の煩悶はかろうじて想像できるが、そのリアリティは今日完全に消え失せている。

同じように、瞽女たちが若い頃には頻繁にあった天然痘と麻疹による失明も、戦後は劇的に減り、現在は大きな社会問題ではない。麻疹による失明はビタミンA欠乏が要因とされるが、現代はそうした心配をしなくてもよい。心中事件をひきおこす封建社会のしがらみも明治以降には多かれ少なかれ払拭され、忠孝を説く儒教も覇権的イデオロギーの地位を失って久しい。

社会がこれほど大きく変化すると、唄の聴き方もそれとともに変わらざるをえない。

明治期まで片田舎に育った人たちには、現在のポピュラー音楽の和声、ビート、形式、音色などはまったく無縁であった。現代人が「しんみりした」音色と感じる三味線の音色は明治以前にはかえって豪華で力強く、騒々しく聞こえていたらしいことは、当時の日記や随筆などから証明できる。そして十九世紀の地方住民にとって、瞽女唄の歌詞が、「昔風」に聞こえていたわけではないことも、また確かである。

地方在住の農民が明治まで培ってきた「特有の聴き方」は、それぞれの時代にふさわしい聴き方ではあったろう。それらの歴史的文脈を顧慮せずに無理矢理復元しようとすれば、かならずや時代錯誤に陥る。我々は復古ではなく現代の聴き方を探らなければならない。古き時代へのノスタルジーの虚妄に浸ることなく、過剰評価することなく、いまや一種の異文化として生き続ける瞽女唄を、絶えず変わる歴史的現象として聴くこと。そうしてはじめて瞽女唄の真の意味が我々の耳にも聞こえてくるであろう。

以下本書では、このように歴史を導きの糸として、瞽女と瞽女唄の辿った道を読者と同道してみたい。

第1章

瞽女の時代

―宿命から職業芸人へ―

鼓を打ちながら「曽我物語」を語る中世後期の「盲女」．明応９年(1500)頃成立『七十一番歌合』より．傍の草鞋と杖は旅芸人であることを示唆している．

説話の中の「盲女」

漢文で書かれた仏教説話集『日本霊異記《にほんりょういき》』には奈良時代から弘仁年間(八一〇〜八二四)の貧しい盲女とその娘の話が記されている。書き下し文では「二つの目盲《し》ひたる女人《にょにん》、薬師仏の木像に帰敬《ききやう》して、現に眼を明くこと得る縁」と題されており、日本の女性視覚障害者に関する最も古い説話の一つである。

それによれば、奈良の蓼原《たではら》の里(奈良の南の近郊か)に、夫を亡くした全盲の女性がいた。七歳の娘もいたが、二人は餓死寸前であった。母親は自分の運命の素因を前世と現世の罪に求め、娘に手を引かれて薬師如来に参拝し、視力回復の願をかけることにした。自分の命にはこだわらないが、娘が飢え死にしないように祈った。居合わせた施主たちが同情して堂の扉を開き、女性は如来像の前まで進んで祈願した。その二日後、娘がこの仏像の胸から何らかの脂のようなものが滲み出ているのに気付き、母親の口にそれを入れると、味が甘く、たちまち視力が回復した。

薬師如来を一生懸命拝めば必ず大願成就を果たす、という教訓に、聴衆もなるほどと納得したであろう。こうした奇蹟談には中世社会に通用する理念と価値観が如実に反映されている。語られた内容より、当然視された前提や空白がむしろ興味深い。

語り手の唱導師は「盲女」が糊口に窮することは当然と考えていたようである。視覚障害者に対する世間の冷淡な態度は、反省、批判、改善の対象とはなっていない。

見逃しやすい重要な空白にも注目しなければならない。それは「盲女」たちは視覚障害そのものについて何らの不満も漏らしていないことである。嘆いているのは、障害そのものではなく、失明のため自分と娘は飢えを凌ぐことができない、ということである。

この「目盲《し》ひたる女人」の苦境を決定づけたのは社会的環境である。家族と村共同体のわずかな扶助を期待できた地方の「盲女」とは異なり、奈良の京《みやこ》に住む「目盲ひたる女人」は、見知らぬ他人の慈悲に頼らざるをえなかった。

『日本霊異記』の話が示唆する仏教的な利他主義に沿って行動した者は僅かであり、親子の餓死を防ぐには足りなかっただろう。「寡《やもめ》にして夫《おっと》無し」が強調されていることから分かる通り、当時の都市部に住む失明した女性は夫の扶養がなければ、塗炭の苦しみをなめた。親戚などが近くにいても援助の手を差し伸べることはなかった。公権力が無告の「盲女」のために充分な慈恵政策を講じていないことも、この説話は当然視している。

十二世紀に編まれた『今昔物語』にも同じ構想の話が収められており(巻第十二第十九)、その他にも肥前国(現・佐賀県・長崎県)の「盲女」が法華経の力で明を得た、との説話が紹介されている(巻第十三第二百七十二)。後者も「宿世《スクセ》ノ報《ホウ》ニ依《ヨリ》テ」失明し、現世には「人ニ非《アラヌ》身」となり、つまり視覚障害により人間の資格を喪失したとある。法華経を勧めた「貴キ僧」も彼女が「宿報《スクホウ》ニ依《ヨリ》テ」両目の視力を失ったという見解を繰り返し、彼女に仏道を推奨した。

中世説話の宿命論は、二十世紀に至ってもなお、失明した人々の発言に投影されていた。長岡系瞽女の小林ハルは「この世で明るい目をもらってこなかったのは前の世で悪いことをしてきたからだ」と述べている。母親も「ハルの目の見えないのが因果なんだから、そう思って諦めてくれ」と娘を説得し、同じく視障者であった瞽女の親方でさえ「この子は三貫寺《さんがんじ》の鉄砲うちの子だから目が見えない」と嫌味たっぷりの言葉を残した(桐生清次『次の世は虫になっても』)。

仏教的な宿命論には、差別された人々が差別を自分の責任に帰する消極的な面が目立つが、同時に被差別者の心痛を若干緩和し、精神的な支えとなったことも否めない。消極的な面と積極的な面とを持ち合わせたのである。中世の視障者たちにとっては、この深く絡み合った両面を切り離し、宗教の負の力を抑えつつ、積極的な力を最大限に引き出すことが重要であった。

中世の「盲女」と芸能

説話集の著者は、神仏がふだん願主の要求に応じていないことを闇に葬っているのに対し、視障者はその事実を充分に理解していた。念のため薬師様などに手を合わせたが、同時に、より成功率の高い方策を模索した。

「盲女」たちの能動的な取り組みは中世の文書と絵図からも読み取れる。永仁四年(一二九六)に成立した『天狗《てんぐ》草紙《そうし》』には東寺門前に鼓を叩く人物が描かれ(図1-1)、女性視障者であると思われる。そうであれば、すでに十三世紀に「盲女」は神仏に嘆願するにとどまらず、寺社門前で何らかの芸を披露し、銭を稼ぐことを試みていた証拠となろう。

中世社会で芸能を生活手段とした者は、群

図1-1　13世紀，東寺門前に筵を敷いて座り，深い笠をかぶる「盲女」と思しき人物が3人の男性のため鼓伴奏の唄を歌う姿か．『天狗草紙』より．

衆が参詣する名刹大社を好んで持ち場とした。地方に住む者が小規模の寺社の境内で開業しても、暮らしが成り立つほど充分な喜捨をする参拝者は集まらないからだ。

　鎌倉時代に地方を遍歴する「盲女」は、西行の生涯と事績を描いた作者不明の『西行物語絵巻』に見られる（図1－2）。二人の「盲女」は楽器を所持していないようであるが、前を歩く女性は口を開け歌っている様子を見せている。また、二人の左に歩く男は振り返り、唄への関心を示しているようにもみえる。

　中世後期の女性視障者が芸能で生計を潤したことは、文学、戯曲、日記などにもほのめかされている。成立年不詳の謡曲「小林」には「盲御前《メクラゴゼ》」が「氏清《うじきよ》の御事《おんこと》」を小歌の「はや節《フシ》」にしたてあげて歌ったとある。できた唄は「是非もなく面白」かったと評価されている。

図1-2　笠をかぶり，杖をつく二人の「盲女」．『西行物語絵巻』より．

明徳二年(一三九一)に足利義満に背いて明徳の乱を起こした山名氏清の話も「メクラゴゼ」によって語られた。伏見宮貞成親王《ふしみのみやさだふさ》は『看聞御記《かんもんぎょき》』(上)において、応永二十五年(一四一八)に京都で、「愛寿」とその弟子の「菊寿」の二人の「盲女」が夜に訪れ、「五六句」を歌ったと記している。

その後も、音楽家の「盲女」と上流社会との関係が文書に散見する。文明二年(一四七〇)の大坂の遊薬師堂において、「盲女」が「艶歌」を聴かせたと『狂雲集《きょううんしゅう》』は伝えている。『実隆公記』(巻五)の永正六年(一五〇九)四月三十日の条には、「女盲目二人」は当時十二歳であった三位局《さんみのつぼね》(戦国時代の女官)のために「歌声」を披露したとある。永正七年(一五一〇)七月十九日には、「盲女二人」は月見の宴会で「微声」を発したことも記されている。『宣秀卿記《のぶひできょうき》』にも、享禄四年(一五三一)に「女目盲」が招かれ、音曲を演奏したという条が見られる。

もとより室町時代の「盲女」は、全員が貴族に仕えていたわけではなかった。記録を残したのは高貴な家柄の者と僧侶などであったため、社会の下層に所属した女性視障者の記述は甚だ少ない。しかし、彼女らの存在は永正十二年(一五一五)の『清涼寺縁起絵巻』と天正二年(一五七四)の上杉本『洛中洛外図屛風』からも確認できる。そこには瞽女が鼓を叩いたり、三味線を弾いたりする姿が描かれている(四七頁、図1-5参照)。

十五世紀の「盲女」は、文字による記録にも見え隠れしている。相国寺塔頭《たっちゅう》であった鹿苑院《ろくおんいん》蔭涼軒《おんりょうけん》は、日記『蔭涼軒日録』の文明十九年(一四八七)五月二十六日の条に、宴席の一座が「胸敲《むねたたき》の乞食《こつじき》」と「清水寺西門女瞽等」の学《まねび》(真似)を興じて笑ったと記している。「胸敲」は後世「節季候《せきぞろ》」と呼ばれる、銭を乞い歩く「非人」であったので、清水寺西門にいた「女瞽」も乞食同然の生活を営んだことは想像に難くない。

天文年間(一五三二〜五五)の『法華経直談鈔《ほけきょうじきだんしょう》』所収の話(第八本廿八、継母偽事)も興味深い。備前国(現・岡山県)に左衛門尉真遠《さえもんのじょうまとお》と称する人物がいた。彼は長らく子を持たなかったが、仏神に祈った結果、女子を授かった。女の子が三歳の時に母親を亡くし、その子は盲目となり、父親は再婚した。後妻が盲目の子供を嫌い、夫の手前にはいろいろと偽りながら女の子を捨ててしまった。しかし、同国の吉備《きび》宮近辺に住む「女目クラ」がその子を拾い大事に育てた。十二、三年後、父の左衛門尉が吉備宮に参詣した際、そこに集まっていた「女目クラ」の唄を聴いた。その中には、十五、六歳の美貌で唄が飛びぬけて上手な娘がいた。左衛門尉はそれが自分の娘であるとは夢にも思わなかった。

彼女に小袖を持たせたところ、娘ははらはらと涙を流す。なぜ泣くのかと聞かれ、娘は「今年は私の母の十三回忌にあたる年で、悲しく母の菩提を弔うところ、小袖をもらってしまった。

これから母の菩提寺を訪ねるつもりなので、それを思い出したので、思わず涙が出た」と語る。びっくりした左衛門尉は、娘がだれの子かと尋ねた。説明を聞くと、自分にもちょうど同じ年頃の娘がいたが、継母の嘘で娘が死んだと信じこんでいた、この娘は自分の子であろうと覚った。吉備宮の僧侶を集め法華経を唱えてもらい、娘の両目が開いた。娘はめでたく父と共に故郷に帰った。

この話から、十五世紀の「清水寺西門」と同様に、戦国時代の地方の大宮の周辺にも「女目クラ」が群住したことが推測される。強固な仲間組織が成立したかどうかは判断が困難であるが、年齢ごとに構成された女性芸能者集団はあったようである。「女目クラ」が寺社の直接的援助を受けたかどうかは明らかでないが、目立って芸達者な歌い手も含まれていたと語り手が主張しているから、彼女たちは参拝客からの布施をもらったに違いない。

ほぼ同じ頃に、「目盲ひたる女」「女目クラ」「盲女」などの代わりに「ごぜ」という語が頻繁に文書に登場している。すでに引用した「小林」の例の他に、成立年不詳の謡曲「望月」でも、女性が仇討を果たすために「盲御前《ごぜ》」に扮している。天正十八年(一五九〇)に編まれた『節用集』で「御前《ゴゼ》」は「盲女」とはっきりと定義され、慶長八〜九年(一六〇三〜〇四)に長崎で刊行された『日葡辞書』にも、Goje(ごぜ)が molher cega(盲女)と解説されている。

室町時代の「盲御前《メクラゴゼ》」(「御前」は女性の尊敬語)という語に付いていた「メクラ」の語が次第に消え、女性視覚障害者はたんに「ごぜ」と呼ばれるようになった。こうして「ごぜ」と「盲女」の二つの言葉が併用されるようになったが、両語の意味するニュアンスは少し異なっている。「盲女《もうじょ》」の語は女性をその視覚障害によって特徴づけ、その背後に中世的な宿命観と、それが引き起こす受動的な態度が潜んでいる。一方、「ごぜ」は女性の社会的立場、役割、職分などを重視し、より能動的な態度を前提としている。

この違いは後々まで引き継がれ、弘化三年(一八四六)の松代城下(現・長野県)の座頭仲間が説明したように、座頭・瞽女の弟子とならない女性は「瞽女」とはいわず、「盲女にて素人同様」であった。言葉の使い分けは近世的な「ごぜ」の誕生を示している。

近世社会の瞽女

江戸開府によって、武士とその家族は江戸と城下町に集住するようになったが、零細農民と上流武士との間の経済的、社会的、文化的な溝は埋まらなかった。人口は身分、性別、居住地、経済力、身体障害の有無など、為政者の都合にかなった分類・再編によって無数の集団に分裂させられた。文化元年(一八〇四)九月の江戸町触にある「士農工商夫々《それぞれ》業も有之《これあり》」という原則にしたがい、一人ひとりの身分に適する「業」の存在が想定されたのである。

中世的な大家族制度は小家族制度と小農経済にとってかわられ、大家族内の分業も次第に社会的分業と夫婦の働きで経営を支える単婚小家族に変形し、寛文～延宝期(一六六一～八一)までに自家労働力だけで営む生産制度と家族制度が一般的になった。

大家族の中では能力に応じて働くことができた視障者の立場も大きく変化した。年貢と夫役の過重な負担に喘ぐ農民にとって、家中の失明者の存在は主には労働力の欠損を意味した。

近世農村社会の直系家族から構成された「家」において、主要生産手段であった土地所有と権力の配分は著しく不均等で、結婚して女性が土地を持つことは通例許されなかった。晴眼者ですら女性は婚家の経営にかかわる法的根拠に乏しく、いわんや女性視障者には薄弱であった。

女性視障者にとり新しい時代の幕開けであった。「親がかり」から脱出を望んだ者、父兄・親戚から充分な支援がなかった女性も、従事できる生業を探り続けていた。農村に残り、薪取り、脱穀、臼ひき、わら加工、木綿糸取りなど、単純な農業労働に携わる者、あるいは子守りとして働く者もいたが、郷里を離れ、増加する芸能需要に応じて宴席で音曲を演奏し、素人愛好家に箏曲を教え、村々を廻り唄を歌い米銭を乞う者も格段と増えた。自立への扉がかたく閉ざされていた女性視障者にとっては、まさに新しい夜明けであった。

三種の瞽女稼業

近世日本を構成する三つの社会的階層（部分的に重複する）は、それぞれ瞽女の芸能活動の下支えとなった。したがって、近世の瞽女をその三層で大別することも可能である。

①武家に仕えた瞽女　江戸時代には、ごく少数の瞽女が武家社会に召し抱えられた。

延宝六年（一六七八）に成立した『色道大鏡』（下）には、特権階級の優雅な暮らしを支える瞽女が登場する。「歌書を談じる」瞽女、あるいは舞いを舞う瞽女は珍しく、ほとんどが琴・三味線を弾き、唄を歌ったとある。おおむね「簾中《れんちう》のもてあそび物として、こゝかしこにわたる」ようである。簾中とは文字通り簾《すだれ》の中の貴婦人方を指し、公卿や大名の妻の敬称として使われた。上層社会の女性たちが好んで瞽女を呼んだことがわかる。

元禄三年（一六九〇）の『人倫訓蒙図彙《じんりんきんもうずい》』にも、良家に雇われた瞽女に関する条目と絵が含まれている（図1-3）。瞽女は「れき〳〵のおくがたへも出入、又はいとけなき娘子に琴・三尾線《さみせん》をおしへ侍れば、みもちきやしや［身持華奢］にありたきものなり」（以下、引用文中の［　］は引用者注）と解説している。五年後の元禄八年（一六九五）に刊行された『和国百女《わこくひゃくじょ》』にも「女の盲もくは、しゃミせん琴のげいもしらざれは、うへつかたのなぐさミ［上つ方の慰み］にもならず」と説き、身分の高い人々からいくぶんかの報酬を受けるためには、失明した女性にとって音楽の素養は不可欠であった。

近世後期には江戸城の大奥にも三絃を弾く「お目無し」と称された「盲女」が一人常駐していた。彼女は大奥における三味線唄をすべて担当し、大奥の世話係である御中臈方と御役女は一切三味線を弾かなかった(『甲子《かっし》夜話《やわ》』第二巻)。

耳が肥えていた上流の奥方たちの高尚な趣味に対応するために、上品な芸能と高度な技量を身につけていなければならず、「名人」の評判を得るには、生まれ持った才能と絶え間ない努力、稽古、楽器・免状に費やす金銭、政治的つながり、幸運も必要条件であった。上流社会に

図 1-3　1人の「御前(ごぜ)」が，襖絵に飾られた良家の座敷で一節切(尺八)と三味線を奏でる武士とともに三重奏を稽古している．『人倫訓蒙図彙』より．

仕えた瞽女の多くは家柄のよい、富家の女性であったに違いない。

②中流社会に音楽を提供した瞽女　城下町に住む下級武士や奉公人も、瞽女唄を楽しんだ。それは元和三年(一六一七)に萩藩(現・山口県)が出した「家中申聞条々」の禁止令から読み取ることができる。諸奉公人の三味線と尺八稽古が「停止」となり、「ごぜ・座頭」も「奉公人の所にて」行う演奏は御法度となった。つまり禁止される必要があるほど、瞽女の音曲稽古は人気が高かった。

少し経済的余裕のある地方城下町の住民も、瞽女の芸能に魅せられ、演奏と指南を依頼した。寛文四年(一六六四)十月二日、土佐(現・

図 1-4　庶民から高貴にいたるまで女性百人を描き解説を付する西川祐信筆の絵本『百人女郎品定』に,「盲女(ごぜ)」が舞子の伴奏をつとめる場面が描かれている. 享保 8 年(1723)刊.

高知県）の城下において、儒学者の桂井素庵《かつらいそあん》は日記に「おやゝ、いうごせと、太郎八殿妹と二人琴のつれ引致」と書き残している。地方の比較的裕福な家の座敷で、瞽女は箏曲を奏で、客との合奏もした。都市部では三味線、箏、胡弓などを弾き、舞子の踊に伴奏を付け座敷を賑わせた（図1-4）。

地方都市において、あるいは三都といわれた江戸、京都、大坂においても、瞽女は座頭に師事し、諸流派の音曲を伝授する町師匠に入門した。技量がある水準に達した者は師匠に名前を付けてもらい、師匠となり、音曲を町人層に教授した。箏曲、三味線唄、浄瑠璃などの稽古の需要が高まるにつれ、ある程度の経済的な自立を獲得した。

天明五年（一七八五）に京都で書かれた『三味線問答』の著者は、音曲の稽古には「法師・瞽女にこしたるハなし」と主張している。また、師匠を選ぶ際には、「上品を好む人」は座頭がよいと推薦している。

瞽女ハ中品《ちうひんの》人々より集《あつま》る故、是ハあながち、ごぜが品《ひん》のあしき者にハあらね共［とも］、女のことゆへ、心《こゝろ》やすく、少しハ花やかミ有て、しぜんと門人はで［派出］になり、弟子中あいさつ等も、ざつとして、ふろ敷抔［など］かたげ来《く》る者《もの》がちなり

「はで」を好み、ろくに挨拶もしない、風呂敷に包まれた持ち物を持参する中流町人層の人々は、高額な月謝を要求する座頭よりも、瞽女の弟子となった。

三都と地方都市の花街にも瞽女が働いていた。来客の要請に応じて唄を歌い、箏を弾いた。寛政六年(一七九四)に成立した『虚実柳巷方言《きょじつさとなまり》』には大坂の遊里の諸相が描かれ、「諸芸諸道名人」として「いくゑ、おかめ」など、五人の瞽女の名前が記されている。

越後高田の瞽女も色里で芸を披露したことが、富本繁太夫の旅日記『筆満可勢《ふでまかせ》』に記されている。文政十三年(一八三〇)十二月一日の夜、彼は宿客人衆に同道し、女郎屋が軒を並べる横町《よこまち》へと足を運んだ。女郎屋は大変賑わっていたが「芸者といふは、女盲三、四人」しかいなかったと期待外れの口調で報告している。後述するが、高岡城下でも瞽女と花街との関係は深かった。

③町人・農民に唄を聴かせた瞽女　瞽女の大半は、都鄙の別なく民衆に唄を聴かせ、音曲の稽古場を営んでいた。

中世に瞽女が伴奏楽器として好んで使った鼓は、近世以降は次第に廃れ、取って代わった三味線は江戸時代を象徴する楽器となった。三味線を弾く瞽女の姿は、慶長末~元和初年(一六一〇年代)の成立とされる『洛中洛外図屏風』の「舟木《ふなき》本《ぼん》」に登場している(図1-5)。屏風の右隻には四条河原における歌舞伎や操り浄瑠璃などの場面が写実的に描写され、歓楽街の盛況ぶりが手にとるように眺められる。

同じ右隻上部の清水寺の舞台上には若い瞽女と思われる人物がひたむきに棹の長い三味線の弦を叩き、唄を歌唱している。瞽女唄が当時の流行の最先端にいたことがうかがわれる。

地方の農業生産性が増すにつれ、交通手段も改善され、より豊かな祝儀を旅芸人に弾む聴き手も増えた。江戸前期の浮世絵師・菱川師宣は、『和国百女』の中で「女の盲もく」集団の旅姿を捉え、

図1-5　清水寺本堂の舞台で瞽女が新来の三味線を奏でる場面．杖に通した草鞋が背後に置かれている．『洛中洛外図屏風』(舟木本)，右隻三扇上より．

図 1-6　三味線を肩にかける旅中の瞽女の姿が見られる．元禄 8 年(1695)，江戸で刊行された『和国百女』より．

図 1-7　江戸に近い大森村を歩く瞽女 2 人．斎藤月岑著，長谷川雪旦画，天保 5～7 年(1834～36)刊『江戸名所図会』巻之二より．

その風俗を写した（図1-6）。ここでは七人の瞽女のうち、三人が三味線を携帯している。
江戸近辺を歩く瞽女を捉えた絵師をはじめ（図1-7）、江戸中期以降の戯作者、劇作家、川柳作家なども作品に瞽女を盛り込み、瞽女が庶民文化を代表する存在となっているのがわかる。

瞽女組織の成立

しかし、民衆の経済力に依存する瞽女は、厳しい条件に立ち向かわなければならなかった。農村では「商売」となる芸を身につけることは難しく、地方では聴衆も音曲指南を望む素人愛好家も、一か所に集住しているわけではなかった。瞽女は視障者に不向きな旅生活を強いられ、整備の悪い道、不充分な宿泊施設、晴眼者の差別的な態度、農民からの差別、幕府と諸藩が頻発する倹約令、ケチな聴き手、物騒な世の中などに悩まされた。

瞽女個人がこの悪条件を克服することは極めて困難であったため、やがて職能集団が結成されるようになった。日常生活の相互扶助ばかりでなく、音曲の伝授を可能とし、巡業を容易にし、朋友意識を高める効果があった。強固な仲間組織さえあれば、瞽女は職人としての身分を築きあげることも夢ではなかったのだ。

室町末期にはいくつかの地方で瞽女の職能集団の創立がみられ、幕藩体制の展開とともに限定的ではあったが自治権を獲得しつつあった。史料が比較的豊富に残されている沼津、甲府、高岡、長岡の四か所の事例を、以下紹介したい。

沼津・三島の瞽女仲間

沼津の瞽女町は、市史によれば現在の静岡県沼津市三枚橋《さんまいばし》の北にあった。仲間の頭は代々会津と名乗り、元祖は沼津の城主松平氏の侍婢《じひ》であったという。眼病で失明した初代の会津は城主に俸禄を与えられた。彼女は絃曲に巧みで、身寄りのない諸国の女性視障者に声をかけ、それを伝授した。門弟が集まり住んだ町は瞽女町と名付けられ、堪能な門人はさらに弟子を取り、業を継ぎ、近代にいたった。

会津が実在の人物であったことは菩提寺の真楽寺の過去帳から推測できる。天正十一年(一五八三)正月二十日には顕正という名が見られ、説明としては「沼津宿三枚橋町入、瞽女頭開基会津事也」と付されている。朱書で「相続人中代キソ云、同人跡式テウ云、右家会津末孫ト申伝ル也」とも書かれ、会津が死亡した後にもその地位と役は連綿と引き継がれたことが推察される。

過去帳によると二代目会津の死亡年は七十四年後の明暦三年(一六五七)とあり間がひらいて

いることから、江戸初期に大勢の瞽女を含む仲間がはたして存在したかどうかは疑問が残る。二代目会津の没後、過去帳の記載が一気に増したようで、元禄期には十一人の瞽女の死亡が確認できる。文政十一年（一八二八）八月付の記録には、三枚橋町には瞽女三十一人が暮らし、同じ沼津の上土町《あげつちちょう》にも瞽女三十九人が住んでいたとある。人数が増加するにつれ、三枚橋町が窮屈となり、新組が上土町に創立されたと推察される。

瞽女が一つの地方都市で数か所に分住する例は駿府（現・静岡市）、三島（現・静岡県三島市）、高山（現・岐阜県高山市）、甲府（現・山梨県甲府市）にも見られる。いずれも、教え子は最初は師匠の元に集まり、人数が増すにつれ、近隣の町の空き家へ移り住んだらしい。

瞽女の仲間集団が領主の政策で一気に成立した、というより、徐々に成長したらしいことは三島の事例からも明らかである。成立年代不詳の伊豆三島瞽女の由緒記によれば、三島宿の瞽女仲間の起こりは元和三年（一六一七）まで遡り、当年の秋に三島宿二日町のキノという「盲女」は「於ミノ派」の高弟となり、音曲の妙手になるまで才能を伸ばした。「於ミノ派」の詳細は不明であるが、越後瞽女に伝わる「瞽女縁起」（瞽女の由来を説く成立年不詳の巻物、六〇頁、図1-9参照）にも「下野の城主の姫君ヲミノ派」が記されている。師匠の許しを得たキノは、三島に帰って活動を開始し、「追々弟子モ重リテ」、彼女を中心とする仲間集団が成立した。キノが実在の人物かどうかは簡単には判断できないが、仲間集団成立の説明としては、納得がゆくものである。

甲府の瞽女組織

近世後期の甲府城下では、総勢二百人以上の瞽女が横近習町《よこきんじゅまち》（現・甲府市中央）と上飯田新町《しんまち》（現・甲府市飯田）にそれぞれの集団を構成した。彼女たちの由緒書が伝えるところでは、天文酉年（天文六年（一五三七）のことであろう）に武田信玄の祝儀にあたり、「京都西本願寺門家の姫」であった松野も信玄公と一緒に甲府にくだった。琵琶の名手であった松野は二十年間信玄公に仕え、古柳小路に七間の屋敷と三人扶持を給わった。

この松野の門人で京都の神職の娘の喜ん（きん）もまた、御家人三井氏の娘、美野を指導した。美野は十五歳から二十歳まで勝頼公に召し抱えられた。

天正十年（一五八二）、甲府の瞽女が「前々ヨリ一宿往来御免」、すなわち自由な宿泊と巡業の許可を明示する由緒書が、奉行に認められた。事実であれば、甲府の瞽女が江戸時代以前から甲斐国を巡り歩いたことの証拠となろう。慶長六年（一六〇一）には遠国への旅と関所を通る許しも下され、巡業はかなり広範囲にわたったようである。

浅野弾正長政が入府した文禄二年（一五九三）前後には、甲府の誓願寺前に甲斐国の瞽女の本拠である瞽女屋敷が置かれた。屋敷は寛永十三年（一六三六）から甲府城に近い横近習町に移転され、座元の紅川かんは代々甲府瞽女を統率するようになった。この「寿光屋敷」は五十六坪規模の建物であったので、瞽女の人数はさほど大きくなかったと考えられる。

上飯田新町にあったもうひとつの仲間組織は成立年代は不明であるが、『甲府雑記』（慶応四年＝一八六八成立）によれば、五十五人の瞽女からなっていた。

同じ『甲府雑記』には横近習町に百五十七名の瞽女がいたとも記録されており、両方の仲間を合わせると総勢二百人以上の瞽女が甲府に生活し、近在を廻っていたこととなる。

明治五年（一八七二）に上粟生野《かみあおの》村（現・甲州市塩山）の名主が作成した文書から、横近習町の瞽女は少なくとも二十二組に分かれ、上飯田新町にも八組が存在したことが明らかとなっている。居住場所不明の組をこれに付け加えると、合計で四十組前後の名前を特定できる。一組は多くは五人ないし十人からなり、構成員は一軒の家に住み、巡業の道をともにしたようである。後述する越後高田と同様、弟子は生家を離れ、師匠の家に住み込むのが原則であった。自分の家を持つことは親方となるのに必要な資格であったと考えられる。

甲府の瞽女は沼津の瞽女と同じく、江戸初期に世襲制の頭の配下に、ピラミッド型の座元制度を成立させたと考えられる。

高岡城下の瞽女町

高岡城下（現・富山県高岡市）にも著名な瞽女町があった。横川原町開正寺の四代目の住職であった自然は、「手録」においてこの町の起源をつぎのように説明している。

> 横川原町ごぜせいこ、右は松寺浄業院様礪波郡才川より此高岡に移住の時、右せいこ同伴して来り、此地に住居す。昔は松寺瞽女と称せり。高岡に於てごぜの元祖にて皆このせいこより出ぬはなし。是によりて今に開正寺境地に住居して数代相続す。

松寺（永福寺）は慶長年中（一五九六～一六一五）に礪波《となみ》郡才川《さいかわ》より高岡小馬出《こまんで》町に移転され、明暦年中（一六五五～五八）には富山へ移された。跡地に屋敷が建設され、それがその内に「開正寺」となった。とすれば、高岡の瞽女の元祖とみなされたせいこは慶長頃に活躍し、その後横川原町に住み、仲間組織の総本山もそこにあったと考えられる。

高岡の瞽女は頻繁に城下町の花街に呼ばれ、中流町人の要請に応じて唄と弦曲を披露した。

高岡領の農村を巡り歩く瞽女もいたと思われるが、詳細を伝える記録は極めて少ない。

長岡の瞽女組織

江戸中期以降の中越地方では、瞽女の家は広大な範囲に分散し、総括組織は長岡にあった。代々の頭はゴイと名乗った。祖師と思われるゴイの墓には「大工町　山本五位」と記され「天和元酉歳〔一六八一年〕九月十一日亡」とあるが、残念ながら享年は記されていない。若い瞽女はそう簡単に頭の地位まで昇れないのでかなりの高齢であったろう。生まれは江戸初期にあたる可能性が高い。

長岡の瞽女組織は、先述の沼津や甲府とは別種の形態だった。ゴイは城下の大工町に屋敷を構え、配下の瞽女の上に君臨したが、地方(各地域)に散在する組の親方は、それぞれの家で弟子を養成した。家元制度にも通じるこの形態では、師匠の家に住み込む弟子、生家に残りながら師匠の家に通う弟子、師匠を自宅に呼ぶ弟子もいた。弟子は極めて長い年季を経た上でゴイの承認を得て一人前の瞽女となり、やがて親方となる。

そのほかにも、さまざまな瞽女職能組織が存在した。天保二年(一八三一)、飯田(現・長野県飯田市)では奥行き三間半に幅が十二間の瞽女長屋二棟が建てられ、各家の戸主が輪番で世話人を務め、瞽女仲間傘下の師匠と弟子を統轄した。

松代城下（現・長野市）の瞽女は、当地の当道、すなわち男性視障者の職能集団に組み込まれたようである。近隣三十四村を総括した当道の「牧座」は、弘化四年（一八四七）の時点で瞽女を「無位の座頭同様」と取り扱っていた。また、現在の愛知県と九州地方では、数人程度で構成された瞽女の家（または組）が緩やかなネットワークを構成していたことも史料から窺える。こうした組織は巡業の調整に役立ったであろう。

仲間組織の役割

どのような形態であったにせよ、瞽女仲間は女性視障者の日常生活、巡業と唄の演奏、弟子の育成、素人への音曲指南などを支援した。必要最低限の経済的、社会的、文化的な自立のためには、こうした食べていくための仕事が不可欠であった。

弘化三年（一八四六）十月の願書にあるように、松代藩の村に住んでいたいそは、五歳のときに疱瘡で失明したが、繰り返し「独身にても身過渡世」をしたいと主張した。天保十三年（一八四二）より唄・三味線の稽古を開始し、箏曲も習いたかったため、房寿《ふさじゅ》という瞽女に指導を依頼し、紆余曲折の末に入門を果たした。

仲間組織を通して若い瞽女は単に伝承された芸能を学んだだけではなく、旅の順路、在方の宿泊施設の所在、聴衆に対する礼儀作法、手引きの斡旋、聴衆の俗信、弟子取りの方法など、自立と「商売」に必要な様々な知恵を獲得した。師匠になった暁には、それを自らの弟子に伝えた。巡業から得られる報酬の獲得競争を抑えるためにも、瞽女は仲間組織を介して縄張りを割り当て、具体的な旅路を設定することもあった。

共同生活の基礎をなしたのも、仲間組織の存在である。それがもっとも端的に現れているのは、越後の高田の場合であった。旅から帰った瞽女は、得た収入すべてを組内で平等に分配した。老女や子供にも対等に分け、仲間の相互扶助に貢献した。

ところが、自己申告制であったこの制度にはごまかしがきいた。杉本キクエと杉本シズは、多くの子供を入門させた家を痛烈に批難している。二人は次のような不満を漏らしたことがある。

高田の作法はね、どんな、あの、五つでも七つでも、世間さえ出ていればね、大人とおなじくね、昔の金で、五円だら五円、十円だら十円ずつ、大人とおなじくくれるんだ、そういうきめになっていた。それがあんた、十何人もあれば、お金で不足ねえでしょう……

［中略］そして遊んでいる子供でも、はえ連れ出せば、まあ大人米一升だら子供一升、大人十円だら子供十円。こうやってみんなね、もらうんでね、分けてやるわけ。だからまあ、どんな、なんにでもできねえ、唄も三味線もできないような人でも、子供でも、大勢弟子あれば、そこのうちの親方がうまいわけです。（鈴木昭英「聞き書き　高田瞽女――その二」）

この発言は、ややもすれば「近代的成果主義」の反映にも聞こえる。高田瞽女の収入の再分配制度の最終的な目的は、明らかに一家の構成員のそれぞれの「収益力に見合った報酬」の保証ではなく、仲間全体の安定の保証である。多くの「役に立たない」弟子を抱えた家が「余分な」収入を得たことは確かであるが、稼ぎに出られない老女や病人、あるいは悪運続きで稼ぎが減った瞽女などはこの制度で助かっている。この制度のおかげで、仲間入りした失明者の困窮は大幅に解消され、比較的安定した暮らしが出来たのである。

妙音講

神仏が奇跡を起こすまで待つよりも、積極的に芸能者として活躍する近世の瞽女は、仲間組織を支えるために「神仏の役割」をあらためて考えなければならなかった。中世的な宿命論の力を最小限にとどめる一方、宗教が内含する人間の団結を育成する力は、瞽女にとって重宝なものであった。限られた聴衆が差し出す報酬は微々たるものであり、その獲得に頼る瞽女の仲間組織は、絶えず強い遠心力に晒されたからである。

瞽女の家の日常的な祈りと供え物も、「擬制家族」の連帯感を深化させた。瞽女の守護神である弁財天に毎日祈願することで一家は和合し、職業が神仏の光に包まれることも再確認された。

こうした瞽女仲間は、各地の特定の寺院と強く結ばれていた。甲府の瞽女は誓願寺（浄土宗）、美濃国御嵩《みたけ》町の大寺《おおでら》瞽女は願興寺（天台宗）、沼津の瞽女は真楽寺（浄土宗）、駿府の瞽女は龍泉寺（後の宝台院、浄土宗）、高田瞽女は天林寺（曹洞宗）などの檀家であった。宗派はバラバラであったが、菩提寺を共有することにより共同意識は深められた。

また、多くの瞽女仲間は「妙音講」を催し、一座の仲間意識を強いものにした。高田瞽女の場合、毎年四月十三日、天林寺に集まり、弁天様の前で妙音講を開いた。弁財天を守り神として祀る妙音講は、当道の前例を引き継ぐことで、瞽女仲間を当道と同じ神聖な土台の上に立つもの、と自他に示すものであった。

妙音講の一日には、瞽女は唄を奉納し唄声を競い合い、お斎《とき》（精進料理）をいただいた。瞽女

図 1-8　高田の天林寺の住職が妙音講の際「瞽女縁起」と「瞽女式目」を読みあげる．昭和 8 年(1933)5 月 13 日，市川信次撮影．

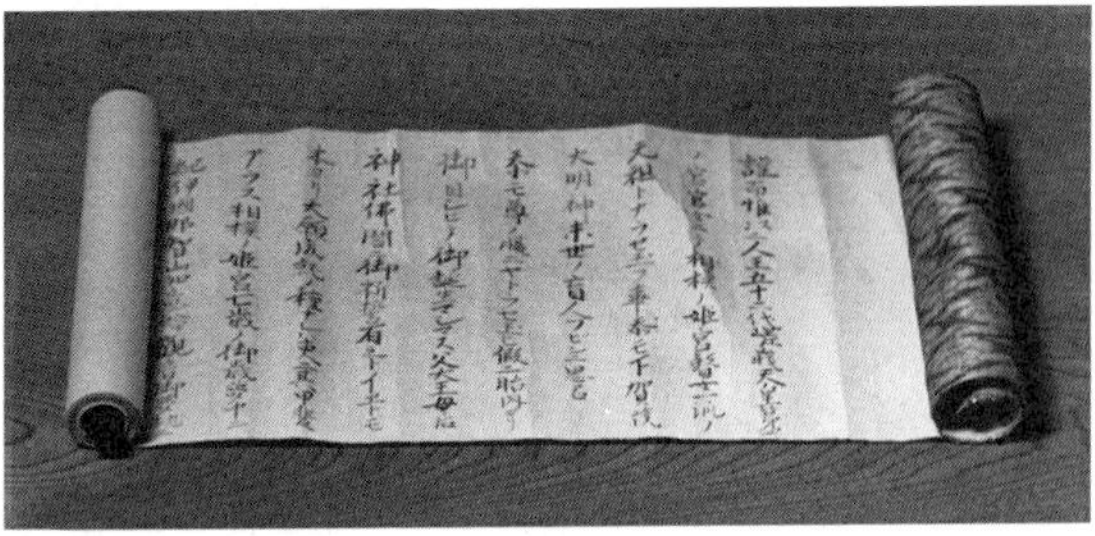

図 1-9　高田瞽女が所有した「瞽女縁起」．昭和 14 年(1939)1 月，濱谷浩撮影．

仲間の成立は「嵯峨天皇の勅命」による、と書かれた一幅の「瞽女縁起」を和尚が朗読し、仲間の団結をよりいっそう強固なものとした（図1-8、1-9）。

妙音講には、瞽女以外の人々も駆けつけた。長岡では講が開かれる日には「瞽女小路」に露天商が立ち並び、瞽女も巡業用の桐油合羽などを買い求めた。沼田下之町《げのちょう》（現・群馬県沼田市）の名主日記『堀江家日記』でも、地元の妙音講に、近郷の村役人などが招かれたことが確認できる。文政八年（一八二五）三月十三日には「瞽女妙音講へ朝飯に呼ばれ、金十疋（百文）を持参する。大役人四人ばかりであった」と記録されている。例年この時期に開かれたのであろう。

瞽女縁起

妙音講で読まれた「瞽女縁起」は当道の影響を受けているが、当道による瞽女の位置づけは踏襲されていない。寛永十一年（一六三四）の当道の「古式目《こしきもく》」などには、男盲の組織の元祖は光孝《こうこう》天皇の御子《みこ》雨夜《あまよ》の尊《みこと》とあり、座頭の濫觴を説く寛永四年（一六二七）の「座頭縁起」には光孝天皇より半世紀以上前に在位した嵯峨天皇への言及が見られる。嵯峨天皇の「第二皇女天世《あまよ》姫」は失明したが、「目見る者御意《ぎょい》に入す、然《しかり》によつて盲人大臣之位に任じ、是《これ》に妻し、これをゴぜと号す」と主張している。

ところが、「瞽女縁起」は瞽女を単なる「盲人の妻」とはみなさない。元祖を「嵯峨天皇第四の宮女二而《きゆうぢよ》相模《さがみ》の姫君」と特定し、姫君が七歳の頃「紀伊国那智山如意輪《によいりん》観世音菩薩」が枕の傍に現れ、「君は末世の女人盲人の師と成る」というお告げを受けた、という。姫君は優れた音楽的才能の持ち主であったので音曲を身に付け、門下は五派の瞽女の祖師となった。そして、その一派が当道六派の一派でもあった妙観派《みょうかんは》と名付けられた。これも単なる偶然とはいえないであろう。

「瞽女縁起」は光孝天皇を嵯峨天皇に置き換え、「雨夜の尊」を「天世の姫君」に変えるなど、当道の伝説を大幅に改訂している。当道の「古式目」にある「加茂大明神を当道衆中の鎮守とあふ〔仰〕ぎて、古中今ともにをこたり〔怠〕なく信じて」と「十宮崇敬信すべし、かり〔仮〕にもかろ〔軽〕しむべからず」という要請を、「瞽女縁起」では「如意輪観世音は妙音菩薩なり、信心之凝らすべきなり、妙音弁才天加茂明神を常々怠りなく祈るべき事なり、世渡りの道守護の本尊なれば疎《おろそか》に心得べからず」と書き直している。また、甲府の瞽女は別の由緒書を伝えている。それによれば「人王五十八代」、つまり光孝天皇の三女が失明し、「音楽を習覚え、琵琶、琴の名誉」を得たとしている。

また、「瞽女縁起」には、瞽女が「賤き家に行《いか》ず、武士、百姓、町人、商買によるべし」と定め、「寺社、修験」の出入を許す「縁起」も存在した。規則に背く者は断髪を強いられ、杖は没収され、罪の重さにより所払いされるべきであると規定された。あるいは違反者は十里二十里外へ追放された。

このような罰則が実際に執行された証拠はない。しかし、瞽女が「賤き家」と考えられた家を避け、あるいはそこから出された奉加を返還することはあった。差別された者がより低い身分の者を差別するのは、近世社会の「原理」であり、瞽女はこうして自らの身分の高さを社会に知らしめ、生業の正当性を主張したのである。

瞽女式目

越後瞽女の妙音講で寺の住職が朗読したもうひとつの重要な文書は、作成者・成立年代不詳の「瞽女式目」である。これは瞽女の掟と罰とを定めた文書で、現在の静岡県と関東甲信越地方に広く流伝しており、ここにも当道の影響を窺うことが出来る。天保十四年(一八四三)の『駿国雑志《すんこくざっし》』(巻之七)には駿河の瞽女に関する文書が写されており、越後瞽女の「式目」に酷似している。「瞽女式目」の内容は地方や組織によって小異が認められるがおおよそ次の通りである。

仲間の構成員は惣領、一老、中老、初心という官位で区別され、当道の惣録、検校、勾当、座頭などに相当する。その敬称も規定された。リーダーである惣領は合議制で選出し、経験年数が決め手となった。

不行跡の行いへの制裁として、経験年数から五年、七年、十年などが削られる「年落」の罰則も明記されている。組に背き、他所の師匠に師事した瞽女が元の師匠に戻れば、留守の年数がそぎ落とされ、年季がその分長くなった。

弟子の取り合いは容易に争いの火種となるので、弟子に関する問題はすべて話し合いで決めるべきとされた。弟子一人でも捨て置くことは神罰を招く、他派の弟子や遠方から来る弟子も、慈悲をもって接すべきである、としている。弟子が三年間神妙に巡業に励めば、一年に金一分を支払うことが義務付けられた。暇を取る弟子からは逆に、月に銭一貫二百文が徴収された。年季を終了した弟子は十年間その組に所属し、業績をあげ、師匠の跡をとることが定められた。

村々の庄屋などが給する宿、銭、米などはすべて私的な恵みと受け取るべきではなく、嵯峨天皇の勅令に基づくものと心得るべきである、ともしている。瞽女は乞食ではなく、国の最高権力者が認めたプロフェッショナルである、と式目は強く主張しているのである。

江戸初期の「瞽女式目」は東海地方などの瞽女集団の実態をある程度反映している可能性は

ある。しかし二十世紀に行われた数多くの調査では、瞽女の組々がこうした式目に明記された条々を厳守しているのかは確認されていない。

戦前・戦後の越後瞽女仲間は、綿密な調査によれば、式目の条々というよりも異性関係の禁止に関心を寄せていた。女性のみで構成するヒエラルヒーの存亡がかかる問題だからであろう。不思議なことに、縁起と式目は異性関係の禁忌について一言も述べていない。瞽女たちもそれを当然と思っていたかもしれない。

「瞽女縁起」や「瞽女式目」は、史実を記録する文書としてその最大の意味があったのではない。宗教と伝説の力を帯びた両文書は、対内的には瞽女仲間の団結を促進し、対外的にはその稼業を正当化する力をもっていた。史実かどうかは二次的な問題であり、重要なのは瞽女仲間組織の強化であった。瞽女仲間は弁財天に守られ、いにしえの天皇に認められた存在であり、厳しい規律にしたがう品行方正なる職能集団であること。「縁起」と「式目」は、このことを瞽女に教え、世に伝えたのである。

第2章

近世旅芸人と瞽女

江戸にて左より角兵衛獅子，太神楽，住吉踊りが芸を披露する．歌川国芳画『当世流行見立』(天保頃＝1830〜44か)．

近世の芸能

仲間組織を成立させることにより、各地の瞽女は近世社会において唄と音曲の演奏から比較的安定的な収入を得ることにはじめて成功した。当然ながら、その他の芸人も、庶民の宴席で唄を歌い、民家の門前で音曲と踊りを披露し、大道で不特定多数の聴き手を前に様々な音楽を聴かせ、米銭を稼いだ。レパートリーの一部は瞽女とも共有していた。

あらゆる芸人のこのような活動を可能にしたのは、近世経済の発展であった。耕地開墾、用水開発、生産性の向上、商品作物の栽培、農間余業の発達、物流の効率化、貨幣経済の浸透は、すべて少なからず芸能に影響をあたえた。パトロンの袖にすがり、寺社に隷属し、権門に奉仕していた芸人は、近世以降あらゆる社会的階層の経済力に頼って収入を得るようになった。

江戸初期から行われた参勤交代や、年貢の大坂への移送を可能にした水陸交通路の整備により、物流に弾みがつき、芸能の地方普及にも拍車がかかった。十八世紀からは全国の隈々にまで街道、脇街道、河川および海の道の船運の四通りが発達し、往還路付近では都市的文化が花開いた。人々の生活圏も一挙に拡大し、閉鎖的な共同体で育った地方の人々の欲望を駆り立て芸能への認識を変えた。

経済発展が生んだ「資本」は、劇場、茶屋、寄席などの建設に投資され、庶民の可処分所得を音曲の稽古などに費やすことも可能になった。楽器とその付随品を製作・販売する琴屋・三味線屋などの軒数は都鄙の別なく大幅に増え、琴譜・三味線譜・尺八譜を出版する草紙屋も急速に成長した。歌詞本や様々なセリフを載せた一枚摺りが市場に出回り、歌謡文化の発展の起爆剤となった。

旅芸人もその数を伸ばした。雇い入れられた旅芝居の役者は、在方の市場を盛りあげ、都会の浄瑠璃太夫も地方興行し、箏曲を伝授する座頭は謝礼を集めて官金を収め、読売《よみうり》は唄本の「さわり」を客に聴かせ、放浪する宗教者は仏教歌謡を飯の種とした。芸人同士が我先に新ジャンルと演奏法を編み出す芸能の需要増加を奇貨として、瞽女も新しいレパートリーを生み出して近世芸能の発展に寄与した(第四章参照)。

上流社会に抱えられた瞽女は、市場が決める芸能の商品価値よりも、殿様とその家族の趣味と所望を重視した。主君が死亡し、あるいは改易された場合、収入源は一気に喪失されるが、通常はレパートリーを大きく刷新させなくとも安定的に暮らすことができた。

一方で、三都と地方の中流社会の音楽文化を支えていた瞽女は、これとは異なる環境に放り込まれた。唄と音曲の流行を休みなく追わなければ、町人の宴席には呼ばれず、糧道が断たれる。音曲師匠となっていても、門下とその保護者の要請に逆らえば自ら墓穴を掘る。この社会階層にとっては、芸能は基本的に商品扱いで、それを「売買」する大規模な市場が成長し、一人前の瞽女は生産者兼売り手の立場に立っていた。他の芸人・音曲師匠と競争しながら、にわか景気には稼ぎまくり、不景気のときには生活が窮迫するのは世の常であった。

一方、農村であれ都市であれ、下層民の報酬に依存した瞽女は、さらに不安定な生活を強いられた。都会的な文化が及ばなかった僻地では瞽女の文化的役割への期待は大きかったが、芸人を歓待する経済的基盤が薄弱であった。聴衆の散在、農村の疲弊、宿の不足、川の氾濫、疫病などと戦いながら、年がら年中瞽女は地方を巡業し、農民に唄と音曲を聴かせた。地方の住民は都会の流行に高い関心を寄せていたから、瞽女は絶えずレパートリーに時流を反映させた。同時に農民は慣れ親しんだ演目も所望し、瞽女はそれも身に付けなければならなかった。

芸能と倹約令

幕府と諸藩もさすがにこの状態に気がついた。近世の権力者はおおかた、芸能が野放図に広がれば領民は農作業を疎かにし、領地から徴収できる年貢が減ると危惧した。そのため為政者はしきりに倹約令を敷いた。無数の法令から芸能に関係の深い例をいくつか拾ってみると、『徳川実紀』に慶安二年（一六四九）二月二十六日と記載されている「郷邑法度」（百姓心得）には、在所の男は農業にはげみ、婦《[おんな]》は機織に心いれ、美女であっても妻は飲食遊興に度を超すべきでないと厳命されている。約半世紀後の元禄十七年（一七〇四）二月に幕府は、百姓・町人は婚礼に際しても「万端を軽く」済ませるべきであるとした（『江戸町触集成』）。正徳三年（一七一三）四月二十三日の「条々」を発令した責任者は、最近、在々所々の風俗が正しくないことを嘆き、百姓は耕作を怠り、「其職《そのしょく》にあらざる芸能を翫《もてあそ》」んでいると批難している（『甲子夜話《かっしやわ》』続篇、第六巻）。享保二十年（一七三五）八月にも、民衆にふさわしくない遊楽が再度幕府の禁制を受けるようになった。

倹約令の乱発から判断すれば、その効果のほどは甚だ疑わしい。庶民はこうした「令」をかならずしもまともに受け止めなかった。町人たちは「小金《こがね》虫余り結構成《なる》色ニて候、事今以後真鍮虫と可唱《となえるべし》。但し金魚も同前たり、銀魚は不苦《くるしからず》」などという模擬倹約令を発して、お上とその行動原理を笑った（『享保世話』）。

江戸後期も相変わらずであった。寛政十一年（一七九九）六月には在々における「遊芸、歌舞妓、浄瑠璃の類」の制限が強化され、文政十二年（一八二九）の改革でも在方の歌舞妓手踊、操芝居、相撲、その他のすべての「人寄ヶ間敷儀《ひとよせがましき》」が禁じられた。ついでに「在々村々百姓共」の常々の稽古も御法度となった。天保十三年(一八四二)六月二十七日の大坂町奉行からの触書には、「物貰」でない「素人」(町人身分の人々)が夜分町家の軒先に行き「唄、三味線、或ハ浄瑠璃」などを語ることを見咎められ、「風儀不宜」であるとして堅く禁止された(『浮世の有様』)。

久良岐《くらき》郡四か村(現・神奈川県横浜市)には、寛政三年(一七九一)の改革の「御趣意教諭」が天保十三年(一八四二)に再度達せられた。祭礼と田植えや取入れの終わったときなどに、村人が集まって会食と余興をした「日待ち」には「勿論、座頭・こせ[瞽女]其外遊芸ケ間敷《がましき》」ことは「一切無用」とされた(『神奈川県史』資料八)。

村役人も独自に、農民の生活の切り詰めをもとめる条文を村人に達した。例えば文政二年(一八一九)五月、知多《ちた》郡常滑《とこなめ》村(現・愛知県常滑市)他三村は「議定書《ぎじょうがき》」を採択し、村の倹約方針を示した。休日・平日を問わず、店々家々に人々が集まり、飲食し、三味線、尺八などの遊興を楽しむことは厳しく差し止められた(『愛知県史』資料編、十七巻)。さらに時代が下がると、文久三年(一八六三)三月、設楽《したら》郡熊井村他十一か村にも「倹約取極《とりきめ》之事」が制定され、芝居と狂言に携わる者はもちろん、浄瑠璃と音曲をひさぐ芸人も一切村に入れないようにする対策が講じられた(同書、十九巻)。農民からほぼすべての娯楽を奪うつもりであったといっても過言ではない。

瞽女を狙い撃ちする禁令も出された。仙台藩では早くも元文四年（一七三九）に、大勢の他国の瞽女が領内に入り込んでいることを問題視し、藩は法令をもって対抗した（『宮城県史』三十一巻）。当時の東北の瞽女はすでに広い範囲の村々を廻っていたことが窺える。

関東地方の事情もほぼ同様であった。弘化三年（一八四六）、現在の東京都青梅市である村々に出された御達《おたっし》によると、近来瞽女は「軒別」（門付け）して巡り歩き、若者は彼女たちを留めおき、「酒の相手など」をさせている。瞽女を数日逗留させる者もおり、それは「農家風儀にかかわり」、農業の怠りを招くあるまじき行為である。さらに、単独で行く老瞽女

図 2-1　大磯近辺の「ごぜ旅かせぎ」「旅虚無僧」「旅僧」「田舎医師」．初代歌川広重画『東海道五十三次細見図会』弘化年間（1844～48）刊より．

が山道に迷い、多摩川の険しい道で怪我でもすれば、それは出身の村にも迷惑であるなど、余計な心配もされた。ともあれ村の惣代らが会談し、組合村々の瞽女たちには志を出してもよいと決めたが、その他の瞽女は一切断り、宿泊させないという法制が示された(『東京都古文書集』第三巻)。

事例はそれほど多くないが、諸藩は視障者の生活の糧を奪いとることを非人道的と感じたようでもあり、芸能活動を全面的には禁止せず、瞽女・座頭が倹約令から除外されることもあった。例えば、宝暦八年(一七五八)十二月の美濃国岐阜町では、三味線や浄瑠璃の指南が一切禁止となったが、「盲人」は構い無しであると触れられた。弘化三年(一八四六)十月十五日の柳河藩(現・福岡県)でも遊芸の稽古が禁止されたが、「盲目の者は格別」と触れられた。一方、村々を廻る「瞽女・座頭之外」の浄瑠璃語り、三味線方、噺家《はなしか》なども禁制を受けた(『福岡県史資料』第七輯)。

芸能の商品化と瞽女の抵抗

近世都市社会で芸能の商品化が進む過程で、絶大な役割を果たしたのは家元制度である。この制度によって、中世とは比較にならないほどの大勢の人々が、諸々の分野で様々な芸能を学ぶことができた。唄と音曲を伝承・売買するためにも無数の師弟集団が結成され、武士、町人、職人、農民、僧侶、学者など、異なる身分の人々が集まった。家元は技能の高さに応じた段階的な免許を発行し、弟子たちは免許取得によって自ら弟子に教授する権限を分与され、大規模な中間教授層が生まれた。破門された者、個性豊かな者、新しい芸道を探る者なども独自に流派を分立・創立した。

都会の瞽女も、家元制度から大きな恩恵を受けた。諸流の唄、三味線音楽などを稽古し、免許を得た瞽女は、それを町娘たちに教え、銭をもらった。瞽女たちも都会の中間教授層に所属したのである。

しかし、強力な座や仲間などの職能集団を維持した芸人は、かならずしも芸能の商品化を歓迎したわけではない。家元制度が促進した芸能の自由な「売買」は、古い慣習、しきたり、独占権などを直撃し、せっかく確立された仲間組織を弱体化させる。公権力と社会に保証された集団が脆弱化すれば、座員の身分と社会的立場は揺らぎかねない。排他的権利に支えられた視障者の仲間組織は、芸能の商品化に強い警戒心を抱いた。芸能市場の拡大で、新しい弟子や活躍の場が飛躍的に増えたが、既得権が侵されれば晴眼者との競争も過熱化する。明和三年（一七六六）の『当道略記』にあるように、当道は「素人盲人」、つまり座入りしていない男性視障者に「平家、琴、三味線の芸術伝へまじき事」とし独占権の保護を図った。越後の瞽女もお家芸の「祭文松坂」を素人には伝授せず、門付け唄も門外不出としたようである。

芸能の市場化に対する消極的な態度は、甲府横近習町の瞽女仲間の頭かんが、延享二年(一七四五)三月八日「御町御支配様」に宛てた文書からも窺い知ることができる。それによると、配下の瞽女は五節句に町を廻り、夏冬には在方を巡りながら勧進し、名主らが用意した宿に一泊した。ところが、近年は他国から夥しい数の瞽女が領内に侵入し、在々を徘徊している。ただでさえ渡世の薄い横近習町の瞽女は難儀しているので、他国の瞽女が参らないよう御関所に仰せつけてくれとある。

高田瞽女の事情も大きくは変わらなかった。文化十五年(一八一八)四月の願書の草案には、私どもは幼少から親の手前を離れ、瞽女の師匠を取り、その業に励み、世の中の助けを受けながら渡世していると強調し、近年瞽女仲間に弟子入りをせず渡世する者が多いと嘆息している、弟子となった娘も仲間内の師匠を離れ勝手に渡世するようになり、閉口頓首である、とある。高田の瞽女は町惣年寄にこのように上申し、町中・領中のすべての箏・三味線稽古場の差し止めを求めた。この嘆願が実を結んだとは思われないが、瞽女が芸能市場の自由化に抵抗する姿がここでも窺われる。

近世経済の裏面と芸能

近世の経済的成長には、その他にも消極的な面があった。農民間の階層分解と貧富の差の拡大なども芸能に直接・間接に影響をあたえ、諸藩の失政と度重なる自然災害、凶作、飢饉はそれに追い打ちをかけた。

宝暦〜天明年間（十八世紀後半）以降、農民的商品生産の発展と、それに伴う流通機構の変化により、城下町経済はむしろ沈降が顕在化する時期に向かっていた。幕末の激しいインフレも、地方住民・都市下層住民に大打撃を与えた。

しかしこうした矛盾、困難、挫折はかならずしも庶民の芸能に対する欲望の枯渇、あるいは芸に投じる金銭の減少を意味しなかった。景気の沈滞はむしろ城下町における興行政策の肯定的転換を促し、芝居興行の開設などにより、富裕層に集積された貨幣が放出された。また農村の階層分解によって、裕福な層は都会出身の芸人を呼び寄せ、地方まで名をとどろかせた芸人を贔屓にした。

一方で、土地やその他の生産手段の奪われた貧困層が積極的に門付け芸人、大道芸人に転業する例も少なくなかった。長編随筆集『甲子夜話』の作者、肥前国平戸藩（現・長崎県）藩主、松浦静山《まつらせいざん》も、それに着目した。十九世紀初頭には「この頃越後より彼地《かのち》の農夫共〔江戸に〕来り、其地に伝へたる技舞〔演劇と踊り〕を為《な》す。これ近来彼地困窮なれば、都下《とか》に出て木戸銭に換へ、窮を救はんが為《ため》とぞ」と指摘している（三篇、第一巻）。零落した越後の農民は江戸両国橋の袂にあった小屋で「あやこの舞」を上演し、呼ばれたときは「侯家」において誇らしげに芸を演じた。あるいは、無一文で江戸に流入した越後者が町を歩きながら「お助け踊り」などを催し、ついでに地方の節回し、囃子、セリフ、しぐさなどを下町の住民に伝えた。それはやがて江戸近郊にまで伝播した。

当道の芸能

従来、各地に支部を置く当道の表芸は、「平家物語」の朗唱と琵琶楽であった。江戸時代には主に上流武家社会に支持されたが、近世初期の地方住民も座頭の語る「平家」に耳を傾けた。近世初頭に書かれたと思われる『古人物語《こじんものがたり》』には、「ある田舎の庄屋が瞽者に平家を語らせ、一村の者に聞せんと思ひ、その旨を村中に触しめた」云々とあり、『徳川実紀』に引用されている。琵琶法師が村を訪れると、芸能に飢えた村民は大いに関心をしめした。

やがて時代につれ平家琵琶の人気は衰え、男性視障者の活躍の主軸は箏曲と三味線音楽に移った。江戸後期に成立した『後《のち》はむかし物語』『百戯述略《ひゃくぎじゅつりゃく》』などの随筆にあるように、当道の下官者、あるいは当道を敬遠した男性視障者も、武家に「平家」を語って金品を受け取るよりは、箏曲と三味線唄の演奏・教授に期待を寄せた。あるいは、どん底の座頭は江戸の駿河町の越後屋のスローガン「現金懸値なし」を歌い、「広告ソング」の先駆けとなった。

座頭たちは寄席の木戸銭を払った聴衆に三味線と箏を奏で、浄瑠璃の伴奏をし、酒席では賓客に座興を供した。興行師の香具師に雇われ、寺社境内と盛り場の見せ物小屋で芸を上演する座頭も無数にいた。「謎解き坊主」として知られる春雪《しゅんせつ》、「八人芸」（一人で八つの鳴り物や声を操る曲芸）の名人で自宅を寄席として兼用した川島歌遊《かゆう》、「音曲落語」を専門とした都々逸坊扇花《せんか》はとくに名高い。大和郡山藩主、柳沢信鴻《のぶとき》の『宴遊日記』（安永二～天明五年＝一七七三～八五）からも、大名たちが八人芸の座頭を屋敷に呼んだことがわかる。同じ類の芸人が地方も廻り歩いたことはいうまでもない。

地方の男性視障者は当道に座入した後、少しでも高い官位を得るためにかき集めた銭を座に納めた。当道はこの金銭を大名と旗本に高い利子で貸し、生じた利益は座員に「配当」として再配分した。女性は当道の正規座員になれなかったので、自立を目指す瞽女は下位座頭と同様、按摩、箏曲の演奏、音曲の指南、その他の職業に従事した。

越後の座頭の芸能と活躍については、文化六年(一八〇九)の序を持つ『やせかまど』に記述が見られる。十月になると越後の小千谷近辺には「諸方の盲者」が「秋廻り」を行い、五、六人の座頭は庄屋宅などに宿泊した。来村した座頭たちは、まず村の主だった百姓家をひと廻りし、夜は三味線を弾き、古い浄瑠璃を語った。家内の老若、近所の者が皆庄屋宅に集り、夜遅くまでそれに釘付けになった。当世風の義太夫というより古浄瑠璃の「善光寺如来の本記〔義〕」「源平之合戦」「蘇我の入鹿」「大友之真鳥《おおとものまとり》」等が語られ、座頭は手みじかに勧善懲悪の物語を聴衆に提供した。若い座頭が人情を語れば、聴衆は夜の更けるのを忘れ、時々の流行歌が紹介されると、家内の男女は余念なく聴き耳を立てた。一夜の「糸代」として座頭たちは五十文ほど貰い、拵えられた冬着を贈られる座頭もいた。

『やせかまど』によれば、座頭の演じる流行歌はなぜか次第に「聴者なき様に」なり、座頭も相次いで按摩と針術に転業してしまった。「不根気」な座頭は面倒な語り物の学習を厭い、江戸と大坂の芸人に遅れを取り、晴眼者との競争にも負けたようである。

越後の大道芸人

頻発された倹約令とやっかいな取締りの障壁をくぐり抜けた放浪芸人は、地方の文化に足跡を残した。文化十四年（一八一七）に成立した『越後国長岡領風俗問状答』には、正月前後長岡領内を忙しく廻った芸能者が次のように描かれている。

物もらひの類には、盲法師長絹《めくらほうしながぎぬ》を着し平家を語り、初心壱人「てんぽう」とて、いと可笑事をいふて門ごとに物貰ふに、小鼓、三絃など持、壱弐人目出度言葉をつらねて、拍子面白く唄うて、門に入もの乞ふ。是を三河萬歳《みかわまんざい》といふ。又、壱人は大黒《だいこく》の面をあて、手に扇と槌とを持て舞ふ。路《みち》に太鼓を打《うち》、大黒の舞込《まいこみ》とて色々めでたくいゝつゞけてはやす。是を大黒舞《だいこくまい》といふ。外に春駒《はるごま》といふものも侍《はべ》り。家中へは十五日を際《きわ》として入らしめず、民間へは春の中大《おお》かたこの類ありしとぞ。

座頭は「平家物語」の句を唱え、身分の低い初心（座頭の弟子か）が「てんぽう」と称される滑稽の綺語を語り、家々を祝福する三河万歳が祝い詞を高唱し、踊りを専門とする「大黒舞」は威勢よく舞い（次頁、図2-2左）、「春駒」は養蚕関係の詞を披露して（同右）、越後の人々に注目された。以上の文章の著者が瞽女に触れていない理由は、瞽女はとくに正月に芸をするわけではないからだが、万歳と春駒の旋律と詞章は、いつしか越後瞽女のレパートリーにも入った。

正月以外に越後と関東地方を行き来した芸人は、時代と地方によって種々雑多であった。旅芝居に抱えられた役者と三味線方、諸流派の浄瑠璃の太夫と三味線伴奏者、寄席と寺社境内の小屋で講釈、昔話、軍談、落話《おとしばなし》などを演じた芸人、あるいは唄本を販売しながらその抜粋を歌いあげた読売――これらは皆、瞽女唄の形成と発展に貢献した。なかでも欠かせない存在が、説経語りと祭文語りである。

説経語り

越後瞽女唄の表芸であった「祭文松坂」には「山椒太夫」「苅萱」「信（俊）徳丸」「小栗判官」など、仏法を説く語りもの、すなわち唱導文芸の「説経」の素材を汲んでいるもの

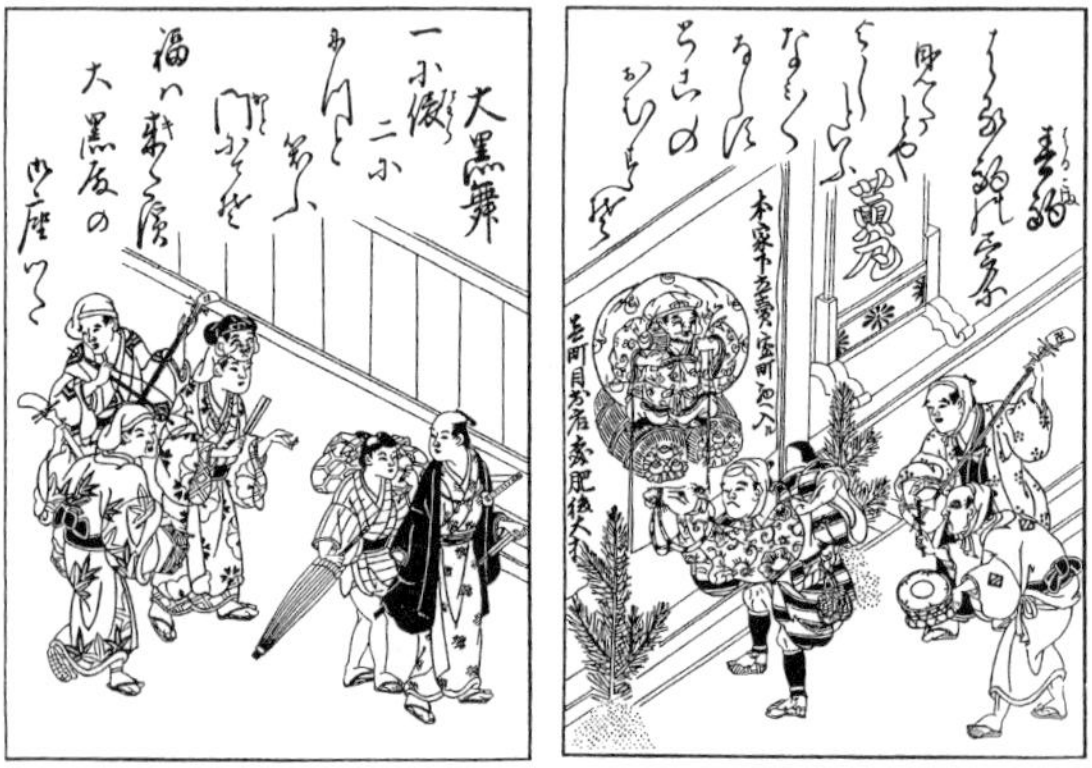

図 2-2　大坂町中と郊外の風俗を描いた長谷川光信筆『絵本御伽品鏡』. 享保 15 年（1730）刊. 胡弓と三味線伴奏による「大黒舞」（左），三味線と太鼓つきの「春駒」（右）.

が多い。

近世初期に一つの隆盛期を迎える門説経《かどぜっきょう》は、僧形の者による門付け芸である。三味線伴奏をつける者もいた。元禄五年(一六九二)の序を持つ『日本好色名所鑑』の改題再版であった『諸国遊里好色由来揃』(刊行年不詳)には、門説経は「伊勢乞食」がささらを摺り、方々さまよい歩きながら演じた芸に由来する、とある。それをはじめて操り(人形)芝居に組み合わせたのが、大坂の与七郎と名乗る芸人であった。この説の真偽はさておき、元禄年間以降ささらと三味線を弾じる門説経が世間に知れ渡ったことは確かである。

天保十四年(一八四三)に成立した喜多村信節《のぶよ》の『筠《いん》庭《てい》雑考』には、筵を敷き大きな傘を立て、その下でささらを摺りながら説経を語る男の姿の図が紹介されている(図2-3)。江戸初期の絵と推定される。元禄三年

図2-3　江戸初期の大道芸人としての説経語り.『筠庭雑考』より.

（一六九〇）の『人倫訓蒙図彙』にも「門せつきやう」の絵が見られる（図2-4）。

説経の詞章は、後年には歌舞伎、浄瑠璃、山伏祭文、会津万歳、くどきなどに取り入れられ、瞽女が「祭文松坂」として歌った題材も、その出典のもともとは説経であった。説経の人気は元禄以降、近世浄瑠璃の王座を占めた義太夫節に押され、江戸中期にはほとんど途絶えたが、説経から派生したジャンルは長らく栄え続けていた。

祭文語り

説経とならんで人気を博した大道芸が、宗教性の強い語り物、「祭文《さいもん》」であった。なかでも錫杖を振る山伏の祭文語りは、越後瞽女唄の「祭文松坂」の詞章のひとつの源泉となる。祭文は「白ごゑ」（しわがれ声）で朗唱され、「力身《りきみ》を第一」

図 2-4　三味線とささらを伴奏として用いる門説経.『人倫訓蒙図彙』元禄 3 年（1690）刊より.

とした、と『人倫訓蒙図彙』の著者は語る。聴衆を興じさせるために、元禄以前から唄と浄瑠璃が織り込まれるようになっていった。

　山伏の祭文が俗謡化し、さらに旋律的になれば、歌祭文《うたざいもん》となる。『嬉遊笑覧』（巻六上）の編者・喜多村信節はその起源を近世初頭と推定し、寛永五年（一六二八）には三味線と錫杖の伴奏楽器を持つ「京うた祭文」のようすが描かれる書物の存在を指摘している。吉原の流行歌を集めた『淋敷座《さびしきざ》之慰《のなぐさみ》』（延宝四年＝一六七六）にも「当世はやり祭文」「吉原太夫祭文」「野良祭文」などの詞章が紹介され、元禄～享保頃のはやり唄や芝居唄を採集した『松の落葉』にも世俗的な題材を扱う祭文の語句が掲載されている。

　江戸中期には祭文の宗教色は薄れ、元文三年（一七三八）に刊行された『難波《なにわ》土産《みやげ》』所収の歌祭文も「祓ひきよめ奉るノホホ」で始まるものの、後続する文句は宗教とは無関係な物語である。

　寺社境内で演奏された歌祭文は地方で受けがよく、美作国（現・岡山県の北部）の一宮には寛延二年（一七四九）に、七、八人連れの「歌祭文」、寛延三年（一七五〇）には六、七人連れの「女祭文」が出演し、話題となった。記録によると、安永六年（一七七七）まで「祭文」「女祭文」「祭文芝居」などの芸人が幾度も興行した。大坂の事情を逐一筆記する『摂陽奇《せつようき》観《かん》』（巻二十九）の寛延二年（一七四九）の項目にも、生玉神社の境内の葭簀囲《よしずがこい》の中に設けられた床で歌祭文が上演され、一人は錫杖を振り、もう一人は三味線を鳴らしたと伝えている。

歌祭文は江戸後期に衰退するが、十九世紀に上州（現・群馬県）の山伏が語った派生種の「上州祭文」は、瞬く間に華麗な花を咲かせ、江戸でも高い人気を博した。明治九年（一八七六）十一月の埼玉県の「唄祭文」禁止令が伝えるところでは、この唄は路傍や檐下《のきした》にたたずみ、宿駅や村落を徘徊し、金銭を乞い集める「一種の芸人」が語った。法令は彼らを無為徒食の輩とみなしているが、民衆の意見はそれとは違ったようである（『埼玉県史料叢書』第四巻）。戦前まで「国定忠治」その他の上州祭文を語る飴屋が、埼玉県の村々を廻りつづけていた。とくに「よかよか飴」売りは「佐倉宗五郎」を語ったという。

長野県の祭文語りは、昭和期まで巡業している。南信地方の古老は「ほら貝を吹き、歌のようなものを聞かせた」「ほら貝を口にあてデロレンデロレンと声をはり上げ、錫杖を鳴らして物語風のものを語った」「祭文が来て浪曲に似た節回しの語り物を聞かせた」と記憶している。北信地方には「山伏のような格好」の芸人は「口説き」や「物語」と「佐倉宗五郎」などを題材とした祭文を語り、中信地方には「小栗判官」を語る者もいた。「佐倉宗五郎」は、のちに見える越後瞽女の「祭文松坂」の、詞章に影響を与えた可能性を否定できない（『長野県史』民俗編)。

芝居と花街

家元制度とならび、近世文化の商品化を加速させたのは興行制度である。都会から新しい物語、旋律、楽器、様式などが伝わり、それはまもなく民衆に広まり、旅芸人のもとにも届き、地方都市での芝居上演はさらなる発展を遂げた。

越後瞽女唄には歌舞伎や浄瑠璃に直接に影響された歌詞が多く、越後の芝居文化は瞽女唄とは決して無関係ではない。近世中期の越後高田藩の榊原家が作成した『記録便覧』を見ると、十八世紀半ばから城下とその周辺地帯で種々の芝居興行が催されたことがわかる。延享二年(一七四五)四月には、大貫《おおぬき》村の観音寺に竹田芝居の興行願が提出され、延享三年(一七四六)城下の寺町《てらまち》にあった願念寺前にも芝居の桟敷が整備されるようになり、翌年十一月十二日には橋の修復助成として「笠請哥舞伎」が許可されるなど、高田の芝居が繁盛した。その後にも「橋芝居」の歌舞伎あるいは操り興行が城下の称名寺《しょうみょうじ》(現・上越市柿崎区柿崎)などで数回催され、茶屋も建てられ、藩がその運上金を徴収した。享和二年(一八〇二)九月二日に五ノ辻稲荷(現・上越市大町)で行われた「笠請芝居」の興行では、江戸役者・沢村藤蔵(後の二世沢村四郎五郎)と中村万菊の舞台が大あたりをとり、寺町の金蔵寺境内でも上演された。他にも天明五年(一七八五)に、寺町の威徳院境内において「女小芝居」が興行されている。これが江戸であれば、すぐに弾圧されたであろう。芝居の経済的波及効果を期待した藩は、天明頃から春日町の馬市を賑わすためにも芝居興行を許可した。

芝居とともに栄えたのは花街である。高田のすぐ隣の直江津(現・新潟県上越市)の今町は、この地方の花柳界の中心地であった。遊女が置かれていたのみでなく、嘉永六年(一八五三)四月には「盲女」七人もそこで働いていた記録がある。来客に唄と器楽演奏を聴かせたのであろう。瞽女は町の茶屋にも呼ばれたが、「祭文松坂」ではなく、都会で流行した浄瑠璃や小唄、あるいは越後の特有の祝い唄やさわぎ唄が歌われたであろう。

天保十四年(一八四三)十二月の「市中風俗書」が伝えているように、諸国の船が出入りする新潟に「女芸者」が台頭する以前は、瞽女と座頭が座敷を賑わせていた。この地の瞽女もおそらく浄瑠璃、長唄、京唄、流行歌を演奏したと考えられる。

読売の世界

大道芸人と旅芸人は演奏を人々に供するとともに、木版の唄本を売ることもあった。地方の識字率が上昇するにつれ、人気の歌詞を載せた一枚刷りや小冊子が摺られ、読売という芸人によって広く販売されるようになった（図2-5）。

重要な役割を果たしたのは、主に都会に店を構えた板元と草紙屋であった。板元は作詞家を兼ねることもあり、さらにはいわゆる八ツ折編笠をかぶって即座に読売になり、買い手の興味をそそる節を付けながら最新の詞章を披露することもあった。

早くも貞享元年（一六八四）十一月の町触で江戸の読売が制限されており、「小うた、はやり事」を安価な摺り物にしあげ、辻橋で売り捌く者がこの時代に活躍したことが推測できる。「絵《ゑ》双紙《さうし》売《うり》」と呼ばれた読売は、世の変わった沙汰、身の上の悪事などを小唄や浄瑠璃の旋律にのせ、数人で声を揃えて連れ節にして読み歩いていたことが、元禄三年（一六九〇）の『人倫訓蒙図彙』にも記さ

図 2-5　鋲迺屋大門，五柳園一人編『今様職人尽歌合』に描かれた読売．文政 8 年(1825)刊．

れている。

国家の平穏をなによりも優先した幕府は、享保七年（一七二二）に流言飛語と男女の心中沙汰をネタにすることを再度禁止した。しかし、読売の全面的な弾圧には及ばなかった。宝暦五年（一七五五）十月江戸の町年寄奈良屋市衛門は、年番名主に読売の禁令が存在するのかを尋ねたところあやふやな回答で、「虚説などを流布させない限り弾圧は必要なかろう」と結論づけている。

人気の高い歌詞を刷り物にして販売利益をあげようとする者はほかにもいた。地方巡業中の富本節語りの繁太夫は、文政十一年（一八二八）に盛岡で興行しているが、毎晩浄瑠璃を語り終えた後、小唄、端唄を歌わなければ聴衆は納得しないと日記の『筆満可勢』に記している。このような唄を原則としては歌わない繁太夫は、当初は聴き手の要請を無視したが、見物人にしつこく催促され、やむなく即席で唄を創作した。「陸奥名所の名よせ」「当所女芸者の名よせ」「富本桜の名よせ」などを題材とし、三味線の手は江戸の昔の流行歌で間に合わせた。そして次の夜は公演を「花の盛岡芸者の名よせ、桜おとわに梅おさき、菖蒲おりつにおつや杜若《かきつ》」などの唄でしめくくった。居合わせた盛岡在住の江戸者は、この歌詞を是非板行させてくれ、興行の中売りにしたいと申し出た。繁太夫も賛同し、早じたての歌詞はすぐに見物人に捌かれたという。

　このように、江戸と地方都市で作られた唄本は群衆の手に渡り、さらに広く普及した。越後、武蔵、甲斐などの瞽女が江戸後期に演奏した「くどき」などの瞽女唄が摺り物に載り、あるいは逆に、刊本に基づく詞章が歌われることも珍しくなかった。刈羽瞽女の伊平タケの演ずる「祭文松坂」の「小栗判官」の詞章には「実道記小栗判官、上中下二十四段に分かれども」という語句が含まれている（伊平タケ述『聞き書　越後の瞽女』）。これは上中下の読み本に由来する詞章だということであろう。

第3章

瞽女を支えた社会

関谷ハナ，中静ミサオ，金子セキの演奏を楽しむ人々．昭和45年(1970)前後，相場浩一撮影．

吉凶の施行

第一章で見てきたように、瞽女が長旅をしながら食い扶持を稼いだ歴史は中世に遡るが、往古の瞽女の正確な人数、旅路、収入などを伝える史料は皆無に等しい。しかし江戸期に入ると女性視障者の活躍の輪郭は次第に鮮明となってくる。

江戸初期の瞽女・座頭の重要な収入源のひとつは、幕府、諸藩、武家などから婚礼、初産、元服、家督相続、法事などの吉凶に際して支給された米銭であった。瞽女・座頭は不定期に配られる施行を集めるために東奔西走した。

正保五年(一六四八)一月十六日の記録に、幕府は岩舟検校《けんぎょう》に銀十枚、江戸府内の「瞽者」(男性視障者)に合計で銭四千三百貫文、「盲女」にも計二百貫文を施与した、とある。幕府が法事などの際に江戸在住の視障者に金銭を配る事例は、その後急速に増加する。同じ習慣は大名や旗本にも普及し、やがて町人や農民の富裕層にまで広がった。

時代が下るにしたがって、瞽女・座頭は吉凶にともなう施行を一種の既得権と認識するようになり、当道は座員各組の縄張りを保証した。「鞘町組」と「伝馬町組」の二組に分かれた京都の場合も、座頭たちは「慶弔の事ある毎に」、「施物をう〔受〕くる也、朝四ツ時前に来りて、四ツ時にうけとる」と、天明八年（一七八八）序の『俗耳鼓吹《ぞくじこすい》』が説明している。

江戸後期になると、施行が定期的に差し出されるようになった地域もあった。現在の奈良県天理市の市域にあった村々では、年二回、村高に応じて「祝銭」を視障者に遣わし、村役人は組合村にこれを滞納しないように指示している。文政頃の大坂でも座頭仲間への祝儀給付が定められ、家持には「祝物六匁、志四匁」、借家人には「祝物四匁、志三匁」という割合で給付され、その金額には差が設けられていた。大和国（現・奈良県）の幕府直轄領では弘化四年（一八四七）、郡山藩領（現・奈良県）では嘉永五年（一八五二）に座頭に給すべき金銭の額と支給方法が規定されるようになり、他国にも類例が多い。

しきたりと前例によって決められた施行の多寡は、地方によって異なっていた。徳山藩（現・山口県）の毛利家文庫（山口県文書館蔵）の『御蔵本日記《おくらもとにっき》』には、元禄元年（一六八八）から断続的に瞽女・座頭に配られた施行に関連する記載が見られ、近年、吉積久年はそれを入念に分析している。この地方では一人の男盲が「座本《ざもと》」を務め、女性視障者は「小瞽女」として仲間に入る際に座本の許可を得る必要があった。一人前の瞽女は「寿瞽女」と称され、他地域にも見られるように「寿名」を受領した瞽女であった。徳山藩の瞽女仲間はおそらく当道に組み込まれたと考えられるが、両者の関係は明確でない。

いずれにしても、『御蔵本日記』の元禄元年(一六八八)十一月四日の条には、周防国下松藩・徳山藩の初代藩主であった毛利就隆《なりたか》の四女の十三回忌が催されたとあり、その際、瞽女二十九人と座頭二十人に「銀百弐拾四匁、米壱石九升七合」が施与された。宝永二年(一七〇五)、就隆の六女の七回忌にも、瞽女九十四人(うち寿瞽女六十九人、小瞽女二十五人)と座頭四十八人が施行の対象となった。

将軍宣下あるいは姫君の婚礼や藩主の年忌法要などにも、瞽女・座頭に一人につき銀数匁が授けられた。元禄十五年(一七〇二)五月二十一日の二代藩主の毛利元賢《もとかた》の十三回忌には瞽女・座頭八十九人とならんで、非人身分の者百七十八人に対しても一人米一升が施された。藩当局が両者の身分を単純に同視したとは思われないが、視障者も被差別民も日常生活の艱難辛苦を共にした。延宝四年(一六七六)、京都の事情を伝える『日次紀事《ひなみきじ》』にも、冠婚の節に門に立ち、米銭を乞う者として「盲人、盲女」以外に、酷い差別の対象となった猿牽《さるひき》(猿廻し)、西宮傀儡《でく》棚舞《るまわし》(西宮神社の操り人形師)、癩人《らいにん》、物吉《ものよし》などをあげている。

地方によっては、瞽女・座頭に施された米銭は当道の支部組織に届けられ、その一部が瞽女に再分配されることもあった。長野県飯田ではこのならわしが長く維持され、最後の飯田瞽女といわれた伊藤フサエが、その詳細を覚えていた。「祝儀、不祝儀、法事などのあるお家からは、座頭のところへ付け届けがあったそうで、ワシが子供の頃はゴゼにもわずかに廻って来たことがありましたニ、この付け届けを配当と言って、六―四に分けるきまりだったといいますが、男の衆が勝手にたくさん取ってしまいましたんナ」と語っている（水野都沚生「続瞽女聞き書」）。

藩による扶持制度

慶弔に出された施物は瞽女・座頭の生活をいくぶんか楽にしたであろうが、それのみによって糊口をしのぐことはとうてい無理であった。

「配当」などが配られる情報が視障者の耳に入ると、大人数の座頭たちが施行者の家に駆けつけ、前例としきたりに応じた金銭を徴収した。支給額が期待を下回れば、受給者は当道の威を借りて抗議し、大騒ぎになることも珍しくなかった。他藩から参集する盲人と瞽女・座頭の手引きもそれに加わり、長い旅路の道沿いに住んでいた百姓に送り人と宿の供出を要請した。このねだりがましい行為は、住民の反感を買い当道の利害に適わないため、座では寛文十二年（一六七二）七月、長旅を禁止し座員の取締りを図っている（『徳川禁令考』前集第五）。

村々も藩境を越えて施行を集める瞽女・座頭の支援を嫌い、他藩の盲人を締め出すことを願っていたが、視障者に門戸を閉ざす法令は、他藩の報復措置を招くことも懸念された。最悪の場合、問題がいわば「外交問題」にまで発展しかねなかったため、知恵を絞り適切な手を打つ必要性に迫られた。

そこで十七世紀後半からは、とりわけ四国と中国地方で斬新な対策として、施行集めの制限、あるいは越境禁止の見返りに、領内の視障者を対象とする扶持制度を導入しはじめた。延宝七年(一六七九)、土佐藩(現・高知県)は領内の瞽女・座頭たちの他国への進出を禁じ、その代価として村々に「地下賄《じげまかない》」と呼ばれた施し物を命じた。同時に、当道に所属する位の低い者あるいは瞽女のために、伝馬と送夫(付き添って荷物を運ぶ人足)の提供も命じた。

元禄十一年(一六九八)には岩国藩(現・山口県)も他領への旅を禁じる代わりに「御心付け」の支給を決定、これが四国の宇和島藩、伊予吉田藩、松山藩、中国地方の徳山藩、萩藩に広まった。十八世紀後半には広島藩、「地下賄」で間に合わせていた土佐藩、そして弘化二年(一八四五)には高松藩(現・香川県)も盲人のための扶持制度を導入した。

扶持制度の金額と支給方法などは、各藩が独自に定めた。徳山藩の場合、享保九年(一七二四)には領内の瞽女・座頭二十人に一人あて一日米五合、一か年にして一石八斗の扶持米が給されるようになった。これは領民から徴収された小物成《こものなり》(田畑から上納された年貢以外の雑税)から賄われた。扶持導入の理由として藩庁は、近年ことのほか瞽女・座頭が大勢領内に入り込み、その移動の手当を賄う小村と島々の庄屋が困惑し、百姓も難儀していると主張した。扶持を貰う代価として瞽女・座頭の他国への移動はもちろん、他領からの弟子取りも禁止された。これに加え他国の瞽女・座頭の徳山領内への転居もご法度となった。

先述した宝永二年(一七〇五)の法事には徳山藩に総勢百四十二人の瞽女・座頭が給付を受けたことと、享保九年(一七二四)に扶持制度が始まった時点では領内には瞽女・座頭が二十人しか数えられなかったことを考え合わせると、仏事のときには他領の男女視障者が徳山藩に殺到したようである。

どの藩の扶持制度にも不備はあり、金額も家計を充分に支えるためには不足していたが、扶持を受けた瞽女・座頭は多少は胸をなで下ろすことができたであろう。

扶持制度の導入(とそれに伴う移動の禁止)が原因かどうかは判断に迷うが、四国と中国地方においては瞽女による独自の歌謡・音楽文化の発達を伝える文書はまだ見つかっていない。音曲の演奏や指南に携わった者もいたであろうが、三味線唄や箏曲を弟子に伝授し、巡業と相互扶助を促進する仲間組織の形跡も未発見である。生活を賄うには甚だ不充分であったはずの扶持を受けた瀬戸内地方の瞽女が、どのように生計を立てたのかはこれから解明しなければならない問題である。

巡業の規制

悪路、河川の氾濫、宿泊施設の慢性的な不足などは旅芸人の天敵であり、近世の音楽文化の普及と発展を大きく妨げた。また、第二章に取り上げた倹約令以外にも、自由な旅をはばむ法令は多く敷かれていた。幕府と諸藩は一揆、徒党、お尋ね者の隠匿、農民の都会への流入、社会の秩序の乱れなどを懸念し、庶民の移動を細部にわたり制限しようとしていた。

庶民が熱望した一生に一度の伊勢参りをはじめ、名所旧跡巡り、温泉旅行などはかつて多くの研究者が「民衆の自己解放」として評価してきたが、すべての旅人が楽しみながら自由に地方を廻っていたわけではない。職を求める浪人、興行のために地方を廻る芸人、逃散する農民、駆け落ちする男女、そもそも定住しなかった者も広い意味の旅人であり、彼らは厳しい取締りの対象となった。

諸藩は江戸初期より、このような旅人の所在と行動の把握に腐心した。例えば、上杉領(現・山形県東南・福島県西北部の地域)が正保元年(一六四四)六月十六日に出した切支丹御改令では、村々にやって来た「諸修行者、ことふれ〔事触〕、乞食、こも〔虚無〕僧、めくら、小間物うり、かやう〔斯様〕の類」を慎重に穿鑿《せんさく》することを求めている（『福島市史』第七巻）。「不確かな者」は全て追い払うように厳命された。

　在方を跋扈する浪人の取締りも開府以来の重要課題であり、維新まで未解決のままであった。転々とする浪人への規制は、流れ弾のように芸人やその他の旅人にも及んだ。安永三年（一七七四）十月に幕府が達した触れには、村々の百姓家に参り合力《ごうりき》（金品）を乞う「浪人など」の取締りが図られている。浪人の跳梁、不満からくる施主に対する悪口、仮病による長逗留などが禁止され、苗字帯刀者には一銭も恵んではならないとされた。第二条では「旅僧・修験・瞽女・座頭之類」は「物貰」とみなされ、

図 3-1　十返舎一九著『金草鞋』(かねのわらじ). 文化 10〜天保 5 年(1813〜34)刊. 三味線を持参しながら北越を巡業する瞽女一組.

彼らには「志次第」の報謝を貰うことと、「相対《あいたい》ニて」(双方が納得して)宿を借りることのみが許された。この法令は、近年には宿を強制したり施物を強要したりする者が現れ、それは不届きのいたりである、としている。

旅人の受入れ

浪人その他の旅行者を受け入れた人々は、こうした規定をどのように見たのであろうか。それを示す興味深い文書は上州沼田下之町(現・群馬県沼田市)の名主松兵衛が作成した『御用日記留』にある。通常、同類の『御用日記留』には主に幕府や藩庁の「触書」や「達書」などの公文書が写されているが、松兵衛の日記には名主が立場上知りえた沼田下之町内外の事件、訴訟、行事に関する記載も多く含まれている。

文化三年(一八〇六)五月八日の夕方に江戸の浪人一人がやって来た。吾妻《あがつま》辺りから前橋方面へ行く途中で、夕暮れのため一泊させてくれと頼まれたが、断った。どうしてもと望むので、仕方なく七十二文を手渡した。宿を与えることは幕府法に違反する可能性があるため、沼田下之町で年番の検断(町内自治の最高役職)に頼むように説得した。検断は各種の訴訟や犯罪者の下調べを行う者で、浪人が宿泊してもよいか判断しうる立場にあった。六月三日に今度は信州から会津方面へ旅する浪人二人が立ち寄り、一泊させてくれと要請した。謝絶したところ、どうしてもとねだられたため、二人へ百五十文を与えた。同月二十九日にまたも浪人一人がやってきた。一泊させてほしいと依願されたが、絶対に聞き入れるわけにはいかないと答えた。しかし、なおも是非お願いすると頼まれたところ、まだ日が高いので次の村まで行きなさいと指示し、そのうえで七十二文を恵んでやった。

名主の家を訪ねたのは浪人ばかりではなかった。文化三年（一八〇六）五月十二日、越後国三《さん》島《とう》郡常楽寺村（現・出雲崎町）から日雇稼ぎ二人が町に来て一泊した。翌日には信州佐久間郡から寺が焼失した僧侶一人が瓦を葺くための勧化に廻り、二十四文が施行された。同年六月四日には餌差《えさし》（鷹の餌となる小鳥を糯竿《もちざお》でさし捉える職）二人が参り、白岩《しらいわ》村（現・沼田市白岩町）まで人足一人を貸してくれと頼みこんだので、隣に住む越後者に四十文を払い、継ぎ送らせた。翌文化四年（一八〇七）六月二十六日には筑波山麓の六所大神宮の御師《おし》神崎式部大輔の手代が来て、「永代太々講」の仲間に加入してくれと頼んだが、加入することはできないといってつっぱねた。

以上の日記から分かることは、近世後期の関東地方在住の町役人は原則として法令を順守し、浪人の宿泊要求を断り、訪問者を次の村に送らせ、あるいは上司宅に廻していた、ということである。しかしトラブル回避のためには、五十〜百文程度の合力を出している。

一方、上州の他の地域では、幕府の要求に逆らい浪人を泊める村も少なくなかった。出費は村費から捻出されたこともあった。また武州の三浦郡(現・横須賀市・逗子市など)では、米銭を乞い願う浪人、旅僧、瞽女、座頭、物貰、あるいは周辺地域や江戸などから来訪する者、海を渡った安房・上総からの訪問者などは皆、村々が新たに講じた規則の対象となった。特別な許可を得た者以外、歴訪する人々全員の排除が図られた。村境には「棒杭《ぼうぐい》」が立てられ、五か所に木戸が設けられ、三十日間交代の番人が置かれ、村々各軒につき一日一文を徴収して番人の給料(一日一人につき三百文)を賄った。訪問者にいささかの合力も差し出さないよう周知徹底され、浪人、旅僧、瞽女、座頭、物貰などが村に渡来する場合は止宿も断るよう求められた。

取締りの強化

芸人の自由な移動を取り締まる動きは十八世紀から全国に拡大した。萩藩(現・山口県)の代官は正徳三年(一七一三)五月二十九日に、他国から参る「関念仏・操り・春駒・三味線挽・小歌うたひ・猿廻しの類」に宿を提供する際に庄屋と畔頭《くろがしら》(庄屋の補佐役)に付け届けることを義務づけた(『山口県史料』近世編法制、上)。同時に托鉢の客僧、禅門、虚無僧、山伏、比丘尼、瞽女、座頭などへの統制も断行された。元文三年(一七三八)十一月一日、萩藩は瞽女・座頭を含む他国者の取締りをさらに強め、越境して芸をひさぐ者を嫌う富山藩も、寛保二年(一七四二)四月十四日に「他国他領之芸者・乞喰等」の流入を阻止した(『富山県史』史料編五)。延享元年(一七四四)七月十六日、博多では「近来他国よりこきう[胡弓]・三味線引《ひき》、あや織之類」の国内での巡業がご法度となった(『博多津要録』二)。中国・四国地方では扶持支給の見返りとして瞽女・座頭の自由な往来が禁じられた。宝暦七年(一七五七)四月十三日、鳥取藩も「辻尺八、辻さみせん等」が古来より禁止されていることを再度発表した(『藩法集』)。天明八年(一七八八)五月、加賀藩は現在の七尾市にあった村々に「諸勧進ものもらい類之者」を庄屋宅に一宿させないことを触れた。

支配が複雑に入り組んだ関東地方も概して同様であったが、禁止令の効果的な執行は容易でなかった。越後では天候不順のため不作となった村が「諸勧進停止」の札を立て、村外の者を締め出すことに努めた(『やせかまど』)。大飢饉が襲った天保四年(一八三三)には下総国印旛《いんば》郡の村々でも「諸勧化・物貰等」を一切村外に出さないよう命じられ、村の入口に番小屋が建てられ「断り棒杭」が設置された。しかし、その二年後の、印旛郡竜服寺《りゅうふくじ》村の『名主日記』には、この地域には「乞食・非人その外物貰多し」とあり、一日に数十人の貧者が村を通り米銭の奉加を集めたと見える。禁令の効果が甚だ限定的であったことが推察できる。

にもかかわらず同類の禁令は幕府崩壊後の明治になっても繰り返し出された。例えば、現在の千葉県芝山町に新設された柴山藩(松尾藩)は民政に関わる御条目を制定し、「諸勧化」の宿借りは禁制とされ、浪人、遊女、歌舞伎役者などをかくまうことも違法化された。

「偽者《にせもの》」続出

以上の事例から分かるように、村々を巡り歩く人は絶えず変化する取締りの対象となったし、地方ごとに慣習も異なった。したがって、旅する彼らにとっての最重要課題は、自分の正当性を証明することであった。

正当性を重んじる結果として「偽者」も続出した。幕府公認で「天下ご免」となった餌差は村が簡単に門前払いすることができなかったため、偽餌差が現れた。地方制度の規則と慣例などを収録した『地方落穂集追加《ちほうおちぼしゅうついか》』が伝えるように、「贋鑑札《にせ》」を持参し、身すぎのため御鷹餌《おたかえ》鳥《とり》御用を権威にかけ、時刻を顧みず村々に止宿を乞い、酒代等を無心する者の人数が急増した。虚無僧、尼僧、山伏、御師などは寺社が発行する鑑札にものをいわせ、座頭は当道の権威を後ろ盾とし、万歳は土御門家の免状を所持した。当然、それぞれの偽者も現れた。

帯刀もせず視覚障害者という弱い立場にあった瞽女は、男性ほど大きな脅威とされなかったが、禁止された「物貰」や「隠売女」と同一視される心配があった。地方の人口記録の欄でも瞽女が通例最文末に置かれていることは、役人の差別的な扱いを物語る。

そこで、藩主などに承認された仲間組織は、瞽女の正当性を大いに補強した。さらに、瞽女が僧尼の戒律に相当する「式目」にしたがって行動していることが世に知れ渡るようになれば、それも瞽女の活躍の正当性の強化につながる。地方住民と役人が「瞽女稼業は由緒ある職業である」と認知すれば、関所の通過や宿の確保が円満に行われ、門付け活動と庄屋宅における唄の演奏も可能となった。正当性が認められることで、不信感は歓待に変わる可能性を有していた。

関東周辺での受容

関東甲信越を巡り歩く瞽女がどのように扱われたのかを知るためには、府中市郷土の森博物館の寄託文書が大きく役立つ。現在の府中市・調布市には昔から数々の門付け芸人が廻り、特に元旦から二十日頃までの来訪が多かった。古老の記憶によると、戦後まで、烏帽子をかぶった二人連れの三河万歳が風呂敷包みをかついだ身なりでめでたい詞章を歌い、おどけた踊りを踊っていた。獅子頭をかぶる獅子舞は、笛の音に合わせて踊った。春駒は馬の首形を手に持ち、あるいは頭に載せて踊った。無芸の「オモライさん」と呼ばれる者が来れば餅や金を与えた。そして当然、瞽女は三味線を鳴らしながら唄を歌ったという。

しかしさかのぼって文化・文政年間に、幕府は治安維持のための浪人対策を改めて実行している。文化二年(一八〇五)には関東取締出役が置かれた。幕府直轄領、旗本領、小領主の飛び地などが散在するこの地域の警備が不十分であったことを理由に、文政十年(一八二七)には組合村が結成され、数十か村規模の村落集団が大組合・小組合に編制され、犯罪と風俗の取締り強化が期待されたのである。

この改革は、関東の瞽女・座頭にも大きな影響を及ぼした。関東取締役出役が置かれた五年後の文化七年(一八一〇)に府中領にあった押立《おしだて》村他十か村で、増加傾向にあった「合力をねだる漂白者」の待遇についての議定が結ばれた。それにより「浪人、出家、社人」など、許可を得ずに勧化する者は原則として門前払い、やむを得ない場合は一か村につき四文の布施を上限とし、一泊を乞う者は最寄りの駅宿に送ると定められた。

「虚無僧、行人、山伏、鉦叩、願人、同心、比丘尼、ならびに旅僧」等は「物貰之者」とされた。しかるべき鑑札などを所持する者にはある程度の正当性が認められたが、旅宿の提供が困難な場合はやはり駅宿に送られた。凶作続きの中、当地の「物貰之者」は他村に出さず村で養うべきとされた。

この議定では瞽女については何も述べていない。実際にはどうであったのだろう。文政三年（一八二〇）五月、府中宿の東に位置する八幡宿《はちまんしゅく》村に四人の瞽女が訪れたことが当村の『御用留《ごようどめ》』（田中家文書）に記されている。来村した際、彼女たちは八文の合力を得た。その二日後、一人の座頭も参り、昼食を所望したので、十六文の奉加を給された。また小田原宿の山伏にも二十四文が付与され、一泊もしたようである。

瞽女・座頭の扱い方は、他の文書からも浮き彫りにされる。天保年間に村高三百九十八石余、新田四十七石規模を持っていた押立村は甲州街道沿いに民家三十七軒が並んでいた村で、文化七年（一八一〇）の「議定」の筆頭におかれていた。村が長年にわたり瞽女・座頭に米を給していたことは、村の一年の費用とその負担割合を明記している帳面（入用帳《にゅうようちょう》、「いりようちょう」とも読む）から窺い知ることができる。寛政元年（一七八九）から文化元年（一八〇四）まで毎年の定例として「米弐斗八升」程度が瞽女・座頭の昼食や泊まりの飯米に宛てがわれた。その後は、差し出された米の量は減少傾向をたどり、文政～天保（一八一八～四三）頃には一斗二升にまで削減された。弘化から安政頃には若干増える年も散見するが、文久元～明治三年（一八六一～七〇）には、たったの七升二合、つまり六十年前の三分の一まで激減している。これに幕末期のすさまじいインフレが追い打ちをかけ、瞽女・座頭にとって事態はますます深刻化した。

同じ地域であっても、来訪者への対応は一様ではなかった。押立村の近くにあった上飛田給《かみとびたきゅう》村(現・調布市)の場合、寛政期頃以降には盲女・座頭を賄うためには米ではなく銭三百五十文が割かれた。また数キロメートル離れた下染屋《しもそめや》村(現・小金井市・府中市)では瞽女・座頭は村の「予算」の上では浪人と区別されず、文政頃〜嘉永七年(一八五四)には一括して銭一貫四百文、安政二〜慶応四年(一八五五〜六八)には銭一貫五百六十四文が捻出された。同じ府中領の本宿《ほんしゅく》村では逆に瞽女に対する経費は個別に処理され、嘉永六年(一八五三)には「年中瞽女泊り入用」として十一貫六百十六文が予算化され、安政頃まで十数貫が出されている。「御免勧化」「浪人合力」の費用も計上されていたが、瞽女は他の漂泊者とは別扱いであったのである。

嘉永七年(一八五四)の本宿村では前年には瞽女二十二人が久次郎の家に宿泊し、さらに四人が庄五郎宅で一夜を過ごした。文政頃の本宿村は甲州街道沿いの戸数百七十一戸からなる小さな集落であったので、これはかなり大きな負担であったに違いない。

甲斐と武蔵の村々の賄い代

関東地方と山梨県、静岡県などでは、ここまで述べた事情と同様の、瞽女・座頭の受け入れ

表2　明和元年(1764)に甲斐国山梨郡綿塚村を訪れた人々

種　別	人　数	金　　額	宿　主	月別
盲女	5人泊り	9匁《(分か)》	源左衛門	4月
盲女	26人泊り	3匁2分5厘	重兵衛	4月
盲女	18人泊り	2匁2分5厘	重兵衛	4月
座頭	2人泊り	1匁2分	重兵衛	4月
盲女	23人泊り	13匁8分	六右衛門	4月
盲女	2人泊り	1匁2分	源左衛門	8月
盲女	5人泊り	3匁	七郎兵衛	9月
盲女	3人泊り	1匁8分	伝左衛門	10月
牢人《ろうにん》・座頭		〆3匁5分3厘	重兵衛	11月
こむ僧	2人	1匁5分	伝左衛門	12月

上野晴朗編『勝沼町史料集成』より作成.

態勢が確認できる。表2は、明和二年(一七六五)一月に作成された、甲斐国山梨郡綿塚《わたづか》村(現・山梨県甲州市勝沼町)の「村入用帳」に記された数字の抜粋である(前年の出費を示すと思われる)。

正当性が認められなかったためか、この年、綿塚村では盲女、座頭、浪人(牢人)、虚無僧以外の者の滞在は公費で賄われなかったようである。村の「予算」から捻出された金額は恐らく本人に渡されたのではなく、宿主(名主など)が立て替え、年末に表2の示す金額が宿の提供者に返済されたと思われる。逗留日数は不明のため、正確に判断することはできないが、「盲女」一人一泊につき六分が支給されたようである。少なくとも長百姓の筆頭に立つ源左衛門と百姓代を務めた六右衛門・七郎兵衛宅に瞽女が宿泊した場合はそうであった。しかし「盲女」が名主の重兵衛宅に泊まった場合には一人につき一分二厘五毛しか捻出されなかった。名主には少々の経済的余裕があったため、村予算からの補助は少なかったということであろう。座頭が来たときにも六分が出され、武士身分であった虚無僧にはそれよりも少し多く、一人あたり七分五厘となっている。武士にはより高額な御馳走が出されたのか、その費用の相殺であったかもしれない。

時代はさらに下がるが、現在の埼玉県川島町にあった角泉《かくせん》村に残された弘化四年（一八四七）の『村賄万覚帳』からも、瞽女の受け入れ態勢の一端を見ることができる（表3）。

表3　弘化4年(1847)に武蔵国角泉村を訪れた瞽女

月　日	人数	金額	宿　主
2月5日か	2人	200文	浅吉
同日か	2人	200文	政右衛門
2月28日	4人	400文	小文治
3月3日	3人	300文	次兵衛
同日	2人	200文	久左右衛門
3月19日夜	3人	300文	孫七
同日	4人	400文	弥太郎
3月27日	4人	400文	内《ママ》(名主か)
7月7日	3人	300文	佐助

『川島町史』資料編近世1より作成.

瞽女は主に二〜三月にこの地方を巡り歩き、雪深い越後の巡業を避けて、関東平野に足を運んだ者も含まれたと思われる。瞽女は二〜四人の組で巡行し、多い日には七人も村で夜を過ごした。宿泊先は村人が輪番で分担したようである。綿塚村の場合と同様、記録された二百文の銭は瞽女に支払われたというよりも、宿泊費用を賄った宿主の懐に入ったと考えられる。なお付言すれば、三月十九日の夜に、突然村に現れた瞽女七人が同席で唄を披露したとは考えられないので、彼女たちのために調達された銭は演奏の報謝という性格は持たず、瞽女に支給すべき慣例化された金額であろう。

瞽女・座頭やその他の芸人は、村人から直接少額の銭を遣わされることもあった。現在の神奈川県厚木市にあった妻田《つまだ》村の医師、長野《ながの》宗碩《そうせき》の寛政二～三年(一七九〇～九一)の日記には、一～二人が組んで回った座頭には一人十六～三十二文ずつ、瞽女は単身か数名(最大六人)一組で来た時には一人十二文を恵んだとある。宿泊させることもあった。

前述の角泉村の記録をみると、村役人が訪問者をどのように評価したのかも金額に反映されている。直接手渡された合力として「舟こぼれ」(無宿など)は八文、浪人は十二文、座頭は二十四文、神社などの勧化は数百文が支給されており、大概、違法の可能性が少なくなるにつれ、言いかえれば正当性が増すにつれ、給付額は増加している。一泊が許された者のうち、瞽女は一人百文、御師、勧化僧、寺の役人など男性の宗教施設関係者には一人百三十二文の出費が通例であった。

村費に頼る「福祉」

瀬戸内地方などで講じられた扶持制度と、瞽女の宿泊などを公費で賄った関八州などの村々の政策は、いずれも近世社会が発展させた数少ない萌芽的な「福祉制度」だと評価できよう。これらの政策のおかげで、多数の瞽女は個人の施主の慈悲のみにたよることから解放され、村共同体のサポートを得たのである。

しかし、瞽女の活躍を村費で支援する制度には問題が山積していたことも事実である。そもそも村それぞれの規模と経済的格差は、極めて大きかった。前述した府中の村々の場合、文政期以降には支援の統一基準も模索されたようであるが、毎年同じ金額を「予算」に盛り込んでいても、来村する瞽女・座頭の人数は毎年変動するし、幕末期のインフレに対応することも極めて困難であった。

財源の確保という問題も無視できない。押立村の場合には「高割《たかわり》」、つまり家の貧富を徴収の基準としているのに対し、下染屋村では「家割《いえわり》」あるいは「家別割」が採用され、一家につき同額徴収であった。「家割」の方法ではむろん逆進性が強く、村の貧困層が視障者に注ぐ視線は厳しくならざるを得なかったであろう。

元来、どの村の経済力も限られており、しかも幕府と領主はつねに村入用（村の予算）の削減を求めた。弘化三年（一八四六）正月二十四日、現在の千葉県茂原市にあった立木《たちき》村近辺に出された廻状には、「村々の内ニも村入用多分」という問題が明記され、村役人の取計らいが不届きであると批判した。この後「精々念入り」したうえ、村入用が嵩まないように努力すべきであると役人と村民に命じた。このような状況で、瞽女・座頭のために充分な支援を行うことはとうてい不可能であった。

時代が明治に変わると、関東とその周辺地域のほとんどの村の「予算」から瞽女・座頭の賄いに充てられた財源は影も形もなく消えてしまった。為政者はそれを進歩と合理化と考えたであろうが、瞽女と座頭にとってこのような「文明開化」は迷惑千万に他ならなかったのである。

越後の瞽女宿

越後国では瞽女が村々を訪問した際の費用を村費として処理した記録はほとんどない。庄屋・名主・旧家などは個人として巡業する瞽女の世話にあたった。瞽女を宿泊させることは提供者の地位の高さと権力を象徴し、「瞽女宿」を提供する家はむしろその名誉を懸命に保ったのである。

高田藩を中心に、瞽女が毎年通った村々には演奏会場をも兼ねる無数の「瞽女宿」といわれた家が点在した。天明二年（一七八二）九月二十五日にはその取締りが行われ、領内の瞽女・座頭が宿に泊まる際には宿提供者の町名主への報告が義務付けられた。名主自らの家が宿となった場合には年に二度ほどその報告を書き上げ、惣名主に提出することが定められた。

現在の新潟県東頸城《くびき》郡、中頸城郡、西頸城郡から信州にかけて千軒以上も存在したというこうした瞽女宿制度があったからこそ、瞽女は広汎な地域の聴衆を動員することに成功し、地域によっては戦後まで安心して巡業を行うことができた。

中越地方にも瞽女宿のネットワークが整備された。現在の新潟県五泉《ごせん》市にある永谷寺の住職も瞽女宿を提供し、そこに嫁いだ吉原敦子は昭和二十七年（一九五二）に初めて瞽女に出会い、宿の様子をよく記憶している。瞽女が来ると、瞽女が来たと村中に触れ回った女中に「瞽女さの布団と食器を出しておくように」命じ、納戸からごわごわした木綿のわら布団が出され、割れにくい厚手の茶碗など、瞽女専用の食器も用意された。夕食は瞽女は皆と一緒に済ませ、瞽女たちは自ら膳を流しまで運び、食器を洗い、自分たちのものを置く専用の棚へそれらを納めた。食事後は風呂に入り、夜の興行のために備えて化粧した。お客が揃うと、瞽女はまず「祭文松坂」の「石童丸」の演奏で涙を誘い、ついで三味線に合わせて端唄、都々逸、浄瑠璃、流行歌などで夜通し聴衆を楽しませた。興行の間には盆が回され、皆がそこに金をのせたが、相当の金額になったと吉原敦子は覚えている。

瞽女に宿を断れば不吉なことが起こるとされ、このような俗信の存在は、逆に瞽女の止宿願いの拒否も珍しくなかったことを示唆している。

瞽女の受入れと信仰

偽者でない勧化僧、御師、虚無僧は社寺などが発行する鑑札、御免を持参して村々を廻ると、村役人に優遇されることがあった。この歓待の大部分は彼らの活躍の正当性に還元することはできるが、他の理由も存在した。訪問者の宗教性自体が村人の態度をやわらげ、宗教者を宿泊させることは村にとって、あるいは宿主にとっても縁起のよい行為であるとされた。

図3-2　旅中でも長岡系の瞽女はよく地蔵尊などの前で祈りをささげる．昭和45年(1970)前後の関谷ハナ，中静ミサオ，金子セキ．相場浩一撮影．

旅稼ぎの瞽女もそれを承知していた。第一章で論じたように、彼女たちは妙音講を開くことにより仲間意識を向上させることに成功したが、対外的には瞽女の宗教性の強調を意味した。開催される度に朗読された「瞽女縁起」と「瞽女式目」も瞽女は神仏の加護を受け、尼僧と類似する規律にしたがって行動していることが対外的に示された。宗教者と同様に、瞽女は単なる物乞いでないことが領主、村役人、村人に広く認められており、これは住民が瞽女を歓迎した理由のひとつであった。

越後瞽女への養蚕、安産、治病などに関わる民間信仰は、瞽女が民衆に快く迎え入れられたもう一つの要因であった。とくに上州、会津、米沢、越後などの養蚕の盛んな地域においては、瞽女に対する信仰上の期待が強く、蚕棚に案内され、お蚕様に唄を聴かせてほしいという依頼は珍しくなかった。あるいは瞽女に蚕棚の間で食事を取らせ、夜は蚕棚の間でよい布団に寝かせた。蚕が孵化するときには、卵を拝んでくれという人もいた。

養蚕に直接の関係をもつ演目として、次章に取りあげる「お棚くどき」「蚕祝い」「春駒」などがあり、いずれも越後瞽女のレパートリーには欠かせなかった。瞽女の三味線糸は吉とみなされ、使い古した絹の弦をよく人にやったという。

瞽女の貰った米は序章で述べた「百人ごめ」となり、一年に瞽女百人を泊めれば家の魔よけになり、家に余慶をもたらすともいわれていた。これは他の布施を集める旅人などにも通用する俗信であったが、瞽女もこうした信仰の恩寵を受けた。

さらに瞽女の杖、所持品をはじめ、瞽女本人にも霊力がつくと考えられた。瞽女自身がそれを信じていたかどうかは別として、宿を確保する際には大きく役に立った。仏教、民間信仰、俗信などのおかげで、地方住民はより気前よく米銭を瞽女に与え、喜んで宿泊させたのである。

第4章

瞽女は何を歌っていたか

―音楽文化の流行と流通―

関谷ハナ，中静ミサオ，金子セキが門付け芸を披露する．昭和45年(1970)前後，相場浩一撮影．

様々な瞽女

すでに第一章に述べた通り、近世社会において「瞽女」という語は現在よりかなり広い意味で使用されていた。上流階級に仕える瞽女、武家や町人に箏曲と三味線唄を演奏・教授する瞽女、三都と地方都市において酒の席に呼ばれた瞽女、そして地方を巡り歩き門付けなどを行う瞽女など、様々なタイプの瞽女がいたのである。

また第二章に論じた通り、唄と器楽の演奏及びその指南に対する需要の増加は近世芸能の展開にとって強烈な刺激となった。その効果はまず都会で顕著となり、その後地方に徐々に浸透していった。三味線を鳴らし浄瑠璃を語ることを「賤しきもの」の業と考えた太宰春台などはこのような風潮を毛嫌いしていた。しかし、瞽女と座頭はこの機会を逃さず、看板を出して音曲の稽古場を開業するなどした。大坂の医師・寺島良安が正徳二年(一七一二)の『和漢三才図会』で描いているように、瞽女は弟子たちに箏曲の「三曲」(箏曲の重要な三演目である四季曲、扇曲、雲井曲)などを、実際に伝授していたのである。享和三年(一八〇三)には名古屋の朝日町では、座頭の「澄都《すみいち》」と「増《ます》の都《いち》」および瞽女のけいもそれぞれ借家暮らしをしながら、男女を問わず町人に箏曲と三味線唄を教えていたようである。

十九世紀、瞽女の音楽活動は全盛期を迎えた。三都と主要な地方都市には無数の稽古場が開かれ、武家や町人はもとより、裕福な農民までもが瞽女に宴席の余興を依頼した。農村での瞽女の巡業も年間を通して行われていたのである。本章ではこの時代を中心に、瞽女の音楽文化への貢献を個別に検討してみたい。

音曲師匠としての江戸瞽女

天保十四年(一八四三)の『駿国雑志』(巻之一)によると、江戸の鉄砲洲《てっぽうず》には瞽女仲間が成立し、江戸在住の瞽女の頭分の多くは松野あるいは槙野と名乗り、槙野は神田豊島町に住んでいた。江戸の瞽女仲間組織の詳細は不明であるが、座員は三味線唄と箏曲を演奏・指南し、場末に住居を構えた者は近郊も巡業して、種々雑多の瞽女唄を村々に伝えたようである。

都会に暮らし音曲の演奏と指南で露命をつないだ瞽女の艱難辛苦は、幕府が折にふれ配った忠孝貞節者への褒美の理由書から封建倫理に潤色された部分を除けば、窺い知ることが出来る。以下に二例を紹介しよう。

天保九年(一八三八)、本所相生町の飴売り久七(七十七歳)は娘のきさ(四十歳)と暮らしていた。

久七は二十年前から繰り返し病気に見舞われ、渡世も疎かったので生活が窮迫していた。きさは幼年より胎毒（母体内で感染した病気）で失明したが、熱心に三味線を稽古し免状を得、三味線指南で家を支えてきた。しかし弟子はわずか十二、三人程しか集まらず収入は少なく、天保の大飢饉にともなう米価高騰による門人のさらなる減少で、家計が逼迫した。この親子の情報をつかんだ幕府の役人は同年七月九日に彼女に白銀五枚を与え、父親にも「老養扶持」として一日米五合を支給した（『江戸町触集成』十三巻）。

天保十五年（一八四四）小伝馬町に住んでいた源助の後家（未亡人）ゑのの娘かつは、幼い時疱瘡で失明した。父を二十六年前に亡くし、母と娘は細々と暮らしていた。かつは子供の頃から箏と三味線の稽古をし、近所の女子を弟子にとり、それを身すぎ世すぎとした。母親は娘に相応の聟を取るように勧めたが、視障者であることと母親への気遣いで結婚を拒み続けていた。度重なる類焼と幕末の米価高騰に生活は追いつめられたが、孝心が深い娘は老母が銭湯に行くときも「盲目ながら母之手を引連」れるなど、様々な気配りをした。かつは親孝行の鑑として、同年九月二十九日、幕府から銭十貫を拝領した（同書十五巻）。

瞽女の音曲稽古の隆盛にともない、幕府はその取締りを必要としたが、実は問題は音曲ではなく、稽古における異性関係が公序良俗を乱すことであった。寛政十年（一七九八）二月、音曲稽古において江戸の男性は男に師事すべしという触れが出された。天保十三年（一八四二）三月と翌年五月七日にも同趣旨の再触れが出され、嘉永三年（一八五〇）七月にまたも「音曲指南」における男女の師弟関係が禁じられた。それほどの日常茶飯事であったわけである。

箏曲指南

近世に音曲が地方で受容されたことも、瞽女の活躍に大きく影響した。元禄九年（一六九六）成立の『七種宝納記《しちしゅほうのうき》』において、松江藩士であった著者は娘につぎのような注意をしている。「今時は武士町人百姓に限らず、身だいよき者は我が家業をばそこそこにしなし、琴・三味線をならう事を専一に心かける者多し、是は座頭《ざとう》・瞽女《ごぜ》のなす業なり」と。娘はおそらくこの戒めを聞き流したと想像されるが、三都と変わらず地方都市においても、保守層が「座頭・瞽女のなす業」と位置づけた音曲の人気は、江戸中期以降急速に高まっていった。

地方の瞽女にも表芸として箏曲を披露する機会が増し、それは武家・町人の座敷に限らなかった。『長崎歳時記』（寛政九年＝一七九七）によると、長崎の諏訪神社でも瞽女と座頭が一月二十九日の夜、あるいは五月と九月にも「籠り講」を開き、三味線と箏曲を弾き神前にたむけていた。音曲好きな老若男女は酒肴を持参し、音曲三昧の一時を過ごした。

文政十三年（一八三〇）十月十二日、越後国の出雲崎近くを訪れた富本繁太夫は、宿の娘で盲人のおよの（二十一歳）に、三味線と箏曲、そして富本節の「花川戸」などを披露されたという。彼女の師匠は重之《しげの》都《いち》という座頭であった。数か月後の翌年一月七日に繁太夫が越後の高田を訪ねた際は、「小夜《さよ》都《いち》の弟子女の盲人」が座敷に呼ばれ、京唄を聴かせた（『筆満可勢』）。

信州の松代城下（真田藩）の当道も、箏曲を習う瞽女の家元となった。弘化三年（一八四六）の文書にあるように、稽古料は高く、弟子の上達にしたがい、曲を稽古するごとに料金が徴収された。これに加え、弟子は毎年千文の「年玉」を師匠に差し出し、盆中には二千文、歳暮に金一両、五節句には二百文を納めた。しかも瞽女が仲間に入門する際は、師匠に金三両の大金を要求され、惣仲間に酒肴代として銭五百文も差し出さなければならなかった。改名の節にはまた師匠に金一両、当道の座元に金三分を支払い、師匠と座元に「樽肴重詰」も提供した。この経費を負担できる瞽女は、裕福な家の娘に限られたことはいうまでもない。

それでも瞽女の箏曲稽古は盛んであった。江戸後期には、越後などで瞽女仲間には入らず「女俗盲人」が運営する「琴・三味線稽古場」に通い、商売となる音曲を習う女性が続出した。このような演奏者は仲間に加入している瞽女には嫌われたようである。組織としきたりに束縛された瞽女は、こうした稼業を差し止めるよう、お上に協力を求め、仲間外の瞽女に様々な圧力を加えた。

浄瑠璃と瞽女

瞽女の重要なレパートリーの一つに、諸派の浄瑠璃があった。とくに「女義太夫」や「娘浄瑠璃」などが一世を風靡した江戸後期には、一人前の語り手あるいは三味線方となった瞽女は花街や酒宴に呼ばれ、座敷浄瑠璃を披露した。そして自ら弟子を育成し、収入を得た。

天保十三年（一八四二）四月、甲府で書かれた『遊芸渡世名前帳』には「常盤津三味線指南、同町〔魚町〕太兵衛娘盲人、とめ」と「義太夫三味線指南、同町〔西青沼町〕盲目、かつ」などの名前が見られ、瞽女が地方都市での座敷浄瑠璃の普及の一翼も担ったことがわかる。現在の富士吉田市ではこれは「ごぜのう」と呼ばれ、伊豆地方出身の瞽女はこの地で昭和初期まで三味線唄のみならず義太夫も語っていたようである。

浄瑠璃の師匠に入門して稽古を重ね、やがて自立に成功した瞽女の好例は、鈴木昭英が昭和四十九年（一九七四）に紹介した『長女キシ一代記』に見られる。キシは天保七年（一八三六）越後国の糸魚川に生まれ、四歳のとき病気で失明した。二十一歳までは生家に残り子守、飯炊きなどをした。将来には芸で身を立てると決心し、高田在住の浄瑠璃語りに弟子入りを試みたが家に連れ戻された。翌年、皆が養蚕で忙しい時期に再び家出し、信州大町まで歩き、常磐津の師匠おきゆの元に入門を志願したが、親の承諾がないことを理由に断られ、ふたたび故郷へ戻った。キシが二十三歳の時あらためて継父とおきゆを訪ね、弟子入りを懇願しめでたく快諾された。一年間指南を受けた後、キシは松本在住の江戸人で名高いモクラ太夫に入門し、二年間刻苦勉励し常磐津節の奥義まで極めた。独立後は八年ほど松本と池田の「嗜好者」を教え、三十四歳で故郷に錦をかざり、糸魚川の商人から宿を借り常磐津の師として働いた。その後も地元で清元節を習い芸を磨き続けていた。明治四年（一八七一）三十六歳で目黒ヨトという実子のない瞽女の養女となり、四十三歳の時にはキセという安政元年（一八五四）生まれの弟子を養女にした。浄瑠璃の指南とならんで宴会の座敷でも稼ぎ、在方も廻り、さほど困窮することもなく、大正八年（一九一九）に没した。

　地方巡業中の都会出身浄瑠璃太夫も、瞽女に義太夫節、清元節、富本節、常磐津節などの稽古を頼まれた。富本繁太夫の『筆満可勢』によれば、文政十二年（一八二九）二月九日、彼が現在の宮城県仙台市と思われる「八幡町」にいた際、地元の「常盤津の稽古所」で「澤次といふ女の盲人」が「色々進物」を持参し太夫に指南を依頼した。二日間の稽古の末、彼女は「嘉例《かれいの》寿《ことぶき》」「鞍馬獅子」「浅間」を通しで覚え、繁太夫は彼女の覚えの早さに驚嘆した。

時代が下がるが、諏訪の瞽女も浄瑠璃(とくに義太夫節)を習い、門付けに使っていたようである。大正十三年(一九二四)十二月、作家の藤森成吉が諏訪に帰省した折、すでに珍しくなった瞽女の演奏を聴き、彼女たちと会話した。門付けする瞽女には「どの家でも、少くとも米一握り位は礼としてやった」という。彼女たちの座敷における義太夫語りの様子は次のように記述されている。

特別な高座があるわけではない。居間と、もとの店とのあいだに、台所や上り框《かまち》に接して十何畳敷きかの場所がある。上り框を正面に、座敷の仕切りの広い襖を背に取って、金火鉢を一つ傍に座蒲団の上へ座ったのだ。その前手が聴衆席で、畳の上へ二、三の火鉢を備へ、座蒲団や新聞紙を敷きつらね、新聞へは菓子や蜜柑を撒き散らして客の欲するに任す、……このところ寄席以上である。それでも寒いと云って、おばアなぞは居間の炬燵へしがみついたまゝ聴く算段をする。そんな仮席ではあるが、丁度背後の例の四枚の広い白襖に、一々黒い大きな引手がついて、何となく高座そツくりの感じである。

(「瞽女を聴く」)

瞽女は箱から太棹の三味線を取り出し、しゃんと構えて、「お望みは」とリクエストに応えた。「どうして普通の門附けの乞食三味線なぞとは比較にならない立派さだ」と聴衆は高く評価した。そして彼女は『菅原伝授手習鑑』から「寺子屋」の段を語り、つづいて心中事件を題材とした浄瑠璃『艶容女舞衣《はですがたおんなまいぎぬ》』のサワリを聴かせた。最後は「何か馬鹿にテンポの早い、新作物らしい義士の討ち入り」を語ったという。

様々な三味線唄

こうした箏曲や浄瑠璃のほかにも、近世の瞽女は多彩な三味線唄を演奏した。天和三年（一六八三）頃成立の『紫《むらさき》の一本《ひともと》』に、江戸の戸塚で瞽女が「加賀節」を歌っている、とある。これは室町時代、加賀出身の遊女加賀女《かがめ》が京都ではやらせた小歌か、あるいは延宝年間（一六七三〜八一）、宇治嘉太夫（加賀掾《かがのじょう》）が創始し京都で人気を博した古浄瑠璃である可能性も捨てられないが、万治〜寛文（一六五八〜七三）の頃、江戸の歌舞伎役者多門庄左衛門《たもんしょうざえもん》（初代）が歌いはじめた俗曲であったと考えられる。

江戸後期に作成された「評定所張紙《ひょうじょうしょはりがみ》」には、江戸で瞽女が端唄《はうた》を歌っていたことが書かれており、都会の瞽女は音曲の演奏と指南にとどまらず、新曲の作曲にも取り組んでいたことが分かる。天明期（一七八一〜八九）までに成立した流石庵羽積《りゅうせきあんはづみ》編『歌系図《うたけいず》』は四百七十曲余りの地歌の曲名、あるいは作詞者・作曲者の名を記しており、瞽女による「夢のうら」（瞽女須磨作曲・作詞）と「三ツのあらひ」（瞽女小巻作曲、近藤氏・流石庵作ならびに「調補」）も含まれる。相当もてはやされた曲でなければ、このような書物には載らなかったと思われる。

地方の場合はどうであったか。越前国の小浜の事情を伝える『稚狭考《わかさこう》』には明和四年（一七六七）頃、地元の瞽女は座頭と異なり「地神経」を詠まず、「君が代はちよにやちよに」と歌い、銭米麦稲を村々家々に乞うたとある。さらに都から遠い薩摩藩の瞽女については、文政十一〜天保九年（一八二八〜三八）頃成立の『薩陽往返記事』が、短く言及している。彼女たちは主に地元の「国ぶし」「六調子」「しょんが節」を歌い、三味線伴奏を付けたと考えられる。

こうした瞽女唄の歌詞や旋律などが記録された文書はほとんど残っていない。例外的に、十九世紀に入って書かれた『擁書漫筆《ようしょまんぴつ》』と『中古雑唱集《ちゅうこざっしょうしゅう》』には、下野国の宇都宮の瞽女が古くから伝える、「若宮参り」と「玉手箱」の二つの「鳥追詞《とりおひのことば》などのたぐひ」の歌詞があげられている。

「若宮参り」
とのびとを、さきにたてゝ、わかみやまゐりを、まうせば、わかみやの、ばんばさきで、ごしよばこを、見つけた。かたよりて、あけて見れば、いちぐんによ、ぢふにぐにを、たまはる、あなめでた、わかみやまゐりの、ごりしやう。

（殿人を前に立てて若宮参りを仕せば、若宮の馬場前で御書函を見得た。傍倚て開けて見れば、一国によ「一郡ヲ」十二国を賜はる、甚愛た若宮参りの御利生。）


「玉手箱」

いとしちをごの、たまてばこの、たからものは、なに〳〵、しろみのかゞみが、なゝおもて、にしきおりが、やたゝみ、しろかねの、さをさして、こがねつるべを、くゝらせう、げにまこと、ちやうじやのじんとも、よばる。

（可愛し少女の玉手箱の宝物は何々、白銅の鏡が七面、錦織りが八匹、銀の竿指して金缶を括らせう、げに実、長者の仁とも称ばる。）


文化文政年間以降に、もっとも流行していた瞽女唄は「越後節」と呼ばれたものであった。式亭三馬が文化十〜文政六年（一八一三〜二三）に発表した『浮世床』（巻之下）は、「やたらと流行」する「千畑《ちはた》ヱ引、荒物町《あらものまち》の染《そめ》ゥ屋《や》の娘《むウすめ》。姉《あね》と妹《いもと》をならべて見ィたら、姉はすかない蕣《あさがほ》のゥ花《はな》」ではじまる下越後の瞽女唄を掲載している。原則として七七調のこの歌詞は、途中から神仏を数える数え唄に変わり、「やんれェ」で終わる。もう一つ所収されている歌詞は「船の船頭に晒《さらし》三尺貫《もろウ》て、わしが冠《かぶる》にゃ晒でもよヲいが、殿《との》さ冠るにゃ晒ぢゃわァるい」で開始し、これも植物の模様を歌う数え唄となり、同じく「やんれェ」で締めくくられる。そして「おらが隣ぢゃよい聟《むこ》とゥりて」ではじまる三種の唄も「やんれェ」で終了している。これらはすべて同じ旋律にのせて歌われたと考えられる。

名古屋藩士であった小寺玉晁《こでらぎょくちょう》の『小歌志彙集《おかしいしゅう》』にも、文政七年(一八二四)に「越後ぶし流況、勿論前々よりありし由なれども、此頃より大にはやる」とある。そして式亭三馬が記録している最初の二種につづき、他の九種の「越後節」を付記している。

同時代と推定される「やんれ」で終わる八種の「越後節」は、藤田徳太郎の『近代歌謡集』(昭和四年＝一九二九)にみえる。越後瞽女が江戸に普及し、当地で草紙屋が印刷して販売した可能性が高い。三馬が取りあげている最初の唄と同様、この唄のいずれも第三音節の後に「ヱ」という字が挿入されている。七七調の唄であるが、数え歌が含まれていないことからも、天保以降に広く愛された「くどき」の淵源であるとみてよかろう。

歌詞は二度も越後新潟に言及しており、一度目は高田瞽女の万歳の、才蔵のセリフに似ている。

今度《こんど》ヱ越後《ゑちご》新潟《にがた》に稲星《いなぼし》が出《で》てから、稲《いね》は万作《まんさく》でお百姓《せう》が喜《よろこ》ぶ、葛西《かさい》砂《すな》村じゃ唐茄子《とうなす》星《ぼし》が出《で》たやら、南瓜《かぼちゃ》が当《あた》りだよ、尾張《おわり》の国では大根《こ》の当《あた》り年《どし》には、大鼓《こ》星《ぼし》が出るによ、それは嘘《うそ》だんべいと太郎作殿が云《い》へば、傍《そば》で次郎作殿が、これな本《ほん》のこんだ、大根《こ》の当《あた》り年《どし》には切干《ぼし》で出《で》る、やんれ

唄の地域性

各地で自生した唄と都会から地方へ伝播した唄が、ある一定期間地方で歌い継がれると、それぞれの地域の特色を帯びるようになる。越後の柏崎に生まれ、各地の唄の違いを敏感に察知した儒者、詩人、書画家であった原松洲《はらしょうしゅう》は、唄の地域性を寛政十一年（一七九九）の「越後だより」で説明している。やや長文であるが、現代文に直して一部紹介しよう。

越後人の歌う唄、私は何としても一、二を覚えて、江戸の土産にしようと思い、神経を集中させ聴いて習おうとした。その節は少々学ぶことは可能であるが、［地元の人の］音声［発

声法と装飾音か」までを出すことは決してできない。江戸のはやり唄および長歌・豊後節などを越後の芸妓または盲人などは歌うが、江戸の声音は決して移らない。

江戸の歌い方が移らないのはまだしも、越後国の中でもその唄は皆すべて若干異なっている。「甚句《じんく》」は新潟のものであり、他所で歌う「甚句」は大同小異であるが、「他所の人々は」その声音は決して新潟のようにできない。「おけさ」は出雲崎の唄であり、いずれの地にて「おけさ」も歌うが、出雲崎のものとは違う。「三賀ぶし」は柏崎の唄であり、いずれの地にても歌うが、柏崎のようにはできない。「春の日足《ひあし》」は今町「直江津か」の唄であり、いずれの地にても歌うが、今町のようにはできない。「まつざか」は新発田の唄であり、いずれの地にても歌うが、新発田のようにはできない。「ちんやんぽ」は佐渡の唄であり、いずれの地にても歌い踊るが、佐渡の船頭のようにはできない。

以上六つの唄と踊りはみな越後でできた唄で、いずれの地にても歌われている。しかし、唄ができた地方以外では真似しがたい。声音の道は微なりというべし。

（三村清三郎「寛政己未松洲原簡越後だより」）

地方を広く巡覧した富本繁太夫も、原松洲とほぼ同じ見解を示している。彼も江戸で「新潟節」と「越後節」などと呼ばれた唄は、本来は「松坂節」であり、「是も所々にて唄方《うたい》違う」と強調している。

都会の地歌や端唄の様式も地方に伝わり、その余波は瞽女唄も受けた。越後の高田瞽女が歌っていた「春のひあし」は、若い瞽女が弟子入七年目に行なわれる婚礼を模した「名替え」の儀式のお開きに瞽女たちにより斉唱された。直江津の花街でも歌われた唄であるので、おそらく瞽女は芸者のレパートリーにあった京唄などを習い瞽女唄にした。しかし瞽女の唄には、芸者の「声音は移らない」と原松洲はいう。さらに、「春のひあしに、遊びも長き、花盛り、夢と思えば五十年、その邯鄲の仮り枕、楽しみになるわいな」と物憂げな雰囲気を漂わせる歌詞を、瞽女は、「春のイワシにアサバもナマズ、カナガシラ」などともじりの「魚尽くし」に変え、瞽女独特のユーモアを披露したのである。

関東の瞽女のレパートリー

越後瞽女のレパートリーが膨大であることはよく知られているが、明治以降、関東で活躍した瞽女もこれに負けなかった。民謡研究の大家の竹内勉が取材した当時、埼玉県越谷に活躍し、九十歳の頃(昭和三十五年＝一九六〇)には東京都足立区の西新井大師の裏で手引きの老女と二人で暮らしていた榎本フジは、「一口松坂」「伊勢くずし」「千住節（瞽女唄）」「よしこの節」「二上り節」「蚕くどき」「越後甚句」の録音を残している。そのほか、彼女は「くどき節」「くどき松坂」「飴売り唄」「高砂ソーダヨ」「上総甚句」「七色広大寺」、そして全曲が二時間にもわたる「お七松坂」（「八百屋お七」の「祭文松坂」か）等々を歌っていた。越後瞽女と共通する唄が多い。

埼玉県の瞽女については、深沢七郎の対談集『盲滅法』にも紹介されている。山梨県出身の著者は昭和四十年（一九六五）以降、南埼玉郡菖蒲《しょうぶ》町（現・久喜市）に落ち着き、近くに住んでいた埼玉県出身の森田スギ（明治十五年＝一八八二生まれ、当時九十歳）に出会い、対談している。その成果は後に「瞽女門付唄抄」という論考として発表された。

森田スギは、七歳で失明し、九歳で鷲宮の三味線の師匠の家の養女となった。「親といる時分はやっぱし小遣いもくれたし、よかったけんど、親方づとめをしいたから、おいもなかなか食べられなくて、つらいことだったたですよ」という。二十二歳まで師匠の瞽女の元で稽古、修業、旅の経験を積み、昭和三十三年（一九五八）まで瞽女として活躍した。やがて栢山丸谷《かやまるや》（現・久喜市菖蒲町柴山枝郷《しばやましごう》）の藁葺きの家で、妹分の手引きと養女三人とで、ささやかに暮らした。

彼女のレパートリーには「さのさ」「鴨緑江節」「都々逸」など、幾多のはやり唄が含まれていた。また五、六段の新内節の「千両幟《せんりょうのぼり》」「一の谷」「石川五右衛門」「明烏《あけがらす》」、義太夫節の「阿波の鳴門」なども覚えていた。

越後の「祝くどき」

無病息災、五穀豊穣などを切望していた聴衆は、瞽女から分かりやすい門付け唄、涙を誘う「祭文松坂」と浄瑠璃、ぞっとするような心中事件を語る「くどき」などの、新しい流行歌とともに民間信仰が芯まで染み込んだ唄を注文した。とくに人気の高いジャンルは「祝くどき」と、養蚕にちなむ「蚕くどき」、あるいは第二章ですでに短く言及した「春駒」と「万歳」であった。

「祝くどき」は主に正月に歌われた。終わりの「やんれ」などと旋律から判断すれば、「越後節」と「やんれくどき」の替え唄である。長岡系の瞽女の小林ハルと関根ヤスは次の「祝くどき」を覚えていた。

今年は豊年　満作年《どし》で
明《あ》きの方《かた》から　七福神よ

福をまねいで　おいでてござる
一つ、日も良し　正月はじめ
二つ、二日の　夢見《よめ》が良くて
三つ、三日の　夢見がかのうた
四つ、世継ぎの　宝をもうけ
五つ、眷属　増したる上に
六つ、睦まじく　かの家《いえ》の繁昌
七つ、なにかに　商いはじめ
八つ、山ほど　俵を積んで
ここで九つ　蔵まで建てて
十に戸前まで　積みこみました
旦那大黒　おかみさんお夷
あとの子供衆は　七福神よ
（歌えこれこそ、おめでたい、やれえ）

明治二十六年(一八九三)生まれの関根ヤスは、以上の歌詞を正月前後に上州を廻るときに歌った。蚕の棚が置かれた場所でめでたいこの文句を披露し、唄は「お棚くどき」とも呼ばれた。蚕は三味線の音が好きで、唄と三味線伴奏を聴かせるとよく育つと考えられていたようである。

関東の「蚕くどき」

養蚕の盛んな埼玉県を中心に活躍した榎本フジも「蚕くどき」を歌った。その音楽的要素は次章に検討するが、歌詞はここにあげておこう。

とてもお前たァ　食い遂げられぬ
裏の川へと　流してたもれ
くぜつ中ばへ　ひがまがないで
我ら二人は　不届き者と
言えば桑治《くわじ》は　早や逃げいだし
逃げるところを　二《ふた》鎌二《に》鎌
すぐに桑治を　早《はや》切り落とし

そこで桑治に　縄打ちかけて
まるき揃えて　わが家へ帰り
敷居前なる　そなたであれば
桑を沢山　くれねきゃならぬ
繭を作らにゃ　そのぶんにゃ置かぬ
そこでむこうが　申せしことに
桑を沢山　食わせたならば
繭も十分　作りましょうと
日《ひ》数《かず》積もりて　その繭見れば
一枚ばきにて　早《はや》二十枚
あとのまぶしが　三十と二枚
これを見る人　聞く人々が
むほん蚕を　いたすがよいと
こかげさんとて　その名も高き
蚕繁昌　末繁昌よ

歌いがなりて　イオサお目出度いナーエ

長野県飯田の伊藤フサエは、蚕の守り神とされた弁財天の祭りには養蚕農家が多く参詣に来たことを覚えていた。瞽女の三味線の切れ糸を頂戴して帰ると蚕の当たり年になるという縁起で貰い手が殺到したため、瞽女は新しい糸を買い、鋏で切りわけて配った。

「春駒」

養蚕に深い関係を持つ芸能の一つに「春駒」がある。明治以降養蚕が盛んであった地域を歩いた越後瞽女が、これをレパートリーに入れることはごく自然であった。

『駿国雑志』(天保十四年＝一八四三)によれば、年始に駿河の芸人が駒を模《かたど》る木製の道具を手に門戸で踊り、銭を乞うと説明している(巻十五上)。ふだん二人一組で来て、太鼓を打ちながら「はあ、こりや乗込めはりこめ、どうするなあ、年《とし》もよし世《よ》もよし、世《よ》の中《なか》よければ、春《はる》の初《はじめ》に、春駒《はるこま》なんぞは、夢《ゆめ》に見《み》てさえ、能《よい》とや申《まを》す、こりやどうする〳〵なあ」云々と歌った。

「春駒」を演じる芸人の多くは、「農夫の類にあらず」といわれた被差別民であったが、この芸自体は各地で上演された。信州の松本付近では、女児の舞い手が鈴を付けた六尺の布を持ちながら踊った。この地方では三味線伴奏も珍しくなく、蚕が丈夫に育つという縁起物の三色の紙が配られた(『波田町誌』自然民俗編)。幕末の西松野木(現・新潟県上越市)付近の農村の大地主は、江戸から芸人を呼び寄せ、村人に余興を提供したが、この「春駒」をその地の農民・古木重次郎が習い、村人に伝えたという。新潟県妙高市西野谷《にしのや》の「春駒」も、もとは幕末に京都の東本願寺の再建手伝いに赴いた村人が、京都で見習ったものだという。「春駒」は様々な人々に演じられ詞も広く普及しており、どれがどれを生んだのか特定できない。

越後瞽女の「春駒」の歌詞はそれほど長くなく、瞽女なら短時間で覚えられる。刷り本も流布し、慶応四年(一八六八)の上州では『当せい春こまはやし』と題される冊子が出版されている。先に引用した「年もよし世もよし」の他にも類似する句が多く、「三日にみそめて、四日に青む、五日にさらりとをいでゞござる」など数え唄の要素も含まれている(『群馬県史』資料編十二)。

越後瞽女と「万歳」

長岡系瞽女の関根ヤスが正月に「さわいだ」ときには、人の家に入り膝を突いて唄を歌った。とくに好まれたのは、めでたい「万歳」であった。新年を祝う詞を言い立てる太夫と、滑稽な三枚目を演じる才蔵の二人一組が、正月に村々を廻る祝福芸である（図4－1、手前の二人）。このジャンルを、越後瞽女は自分たちのレパートリーにとり入れた。

最もよく知られている万歳は、愛知県西尾市および安城市から出てほぼ全国を廻った三河万歳で、瞽女万歳もその派生形である。瞽女万歳がいつ成立したかは不明であるが、明治以前の記録はまだ発見されていないようである。江戸時代には、土御門家と幕府とから公認されていた三河万歳はお家芸を独占していたから、瞽女に伝えたとは考えにくいが、瞽女が「盗んだ」可能性は否定できない。あるいは非公認の、下層民の万歳――三河万歳にいわせれば「偽せ万歳」――が、瞽女にセリフと節回しを伝授した可能性もある。明治以降には、政府が三河万歳の独占権を剝奪し、上演を自由化したから、瞽女はこの政策転換の恩恵を受けたようである。

図4-1　江戸の町を歩く三河万歳の太夫と才蔵．斎藤月岑著，長谷川雪旦画『東都歳事記』より．天保9年(1838)刊．

近世の三河万歳は日本全国をくまなく巡り歩き、越後にも行った。享和三年(一八〇三)十一月に現在の新潟県胎内市に成立した「年中御暮方帳」には、三河万歳には一組に五百文、尾張万歳には二百文が支給されたと記録されている。第二章にも見てきたように(八一頁)、文化年間には長岡領にも「小鼓、三絃など」を伴奏楽器として使う三河万歳が巡業したとの報告がある。明治元年(一八六八)十二月の富岡村(現・長岡市)の村役人宛の誓約書によると、当所の若者たちは昔から毎年「角節《かくせつ》」という宴会を開いた。瞽女・座頭も呼ばれ、村方に娘のいる参加者はそれを連れ寄せ、酌を取らせた(『長岡市史』資料編三)。集まった若者は騒ぎ立ち、踊り、狂言を演じ、「万才等」を上演し、日が暮れてから帰宅した。芸人でない者も万歳を習得していたことがわかる。

瞽女は、当然ながら万歳のセリフを口伝えで覚えたが、伝授の過程で紙に刷られた文字が介在した可能性はある。越後瞽女が録音した万歳の演奏を慎重に聴けば、詞章に何らかの読み違いと思われる個所が認められる。例えば「とし取る」と「ねん取る」の差異は「年」の音訓の読み違いと疑われる。

太夫のセリフ

高田瞽女の万歳は「おんとこわかには、ご万歳とは、君も栄えておわします（アーイチャイチャ）、愛嬌ありける新玉《あらたま》の、年《ねん》とるその日のあしたには、水もわかゆる木の芽もさす（アーイチャイチャ）」と始まり、才蔵の詞で数回中断されながら、家の柱などを数え、終わる直前には「主人の建てた家なれば、雨は降れども雨もりせず、日よりよけれど日われもせず、風は吹けども宝風、雪は降れどもつもりもせず、およそ八百年の御祝」など祝いの言葉が語られ、最後に「上には鶴、下には亀、鶴と亀とが舞い遊ぶ、コラ、悪魔をはきだすご万歳、まことにめでとう候いける」と締めくくる。

江戸に店を構える板元が万歳の歌詞を摺り、地方からの旅行者、漂泊の読売、祭から祭へと旅する香具師《やし》らがそれを普及させた。無数の「くどき」の出版でその名を津軽まで響かせた馬喰町二丁目の吉田屋小吉（明治初年以降、吉田小吉）も『初春三河万《はつはるみかわまん》ざい』の冊子（図4-2）を上梓

図4-2 馬喰町二丁目にあった吉田屋小吉の『初春三河万ざい』の表紙.

し、太夫のセリフを載せている。

「馬喰丁二丁目　吉田や板『初春三河万ざい』」
徳若《とくわか》にごまんざいとハ、お家《いえ》も栄《さか》へてまします、
愛嬌《あいきやう》ありけるあら玉の、としとる始めのあしたにハ、
梨匠公《りせうかふう》が玉《たま》の冠《かむり》を頭《かうべ》に召《(めす)》、
あやんが太刀《(たち)》を佩《はい》で、莫耶《ばこんや》のゆづり葉《は》を口にくハへ、
五葉《よう》の松を手《て》に持《も》て、清涼殿《せいりやうでん》の此方《こなた》にたゝせ見てあれバ、
造《つく》りの結構《けつこう》、綾《あや》の縁《へり》が五百丈《ぜう》、唐縁《からべり》が五百丈《ぜう》、
錦の縁《へり》が五百丈《ぜう》、合《あハ》せて千五百丈《ぜう》の、
畳《たゝみ》をさらりやさっと、敷《し》か玉へける、
南にあたって、白かねの山を築《つ》かせ玉へければ、鳳凰《ほうわう》が舞《ま》ひ遊ぶ、
西に三十丈の金《こがね》の山を築《つ》かせ玉へければ、鶴《つる》と亀《かめ》とが舞《ま》ひ遊ぶ、
宮殿楼閣《くうでんろうかく》立ならび、大般若《はんにゃ》が一千巻《(いっせん)ぐハん》、
四百巻《くハん》なハなんかのじやうにて、取《と》られ玉へければ、

残《のこり》し六百巻《くハん》なハ、此土《ど》に天《あま》くだらせ玉へけれハ、
昔の都《(みやこ)》ハ奈良《なら》の京、中程ハ難波《なんば》の京、
今の京ハ都の京、経《きやう》の文字《もんじ》ハ一億《おく》一万六十余文字《(よもじ)》とや、
神の数《かず》ハ一百万神おハします、
仏の数ハ三万三千三百三十三体《たい》、
昔此地《しぢ》祭《まつ》りなんぞハ、阿部《あべ》の晴明《(せいめい)》、同《(おなじく)》道満《どうまん》なさしめ玉へけり、
大工武田《たけだ》の番匠《ばんぜう》、飛驒《ひだ》たくみにつもらせ玉へけり、
一本の柱ハ、一ト仏薬師《やくし》、いづみの金銀使《つか》えど、尽《つき》せぬ守神、
二本の柱ハ、仁王権現《にわうごんげん》、錦の巻物《まきもの》きれども、尽《つき》せぬ守神、
三本の柱ハ、山王権現、酒の泉の飲《の》めども、尽《つき》せぬ守神、
四本の柱ハ、須弥《しゆみ》の四天王、士農工商《しのうこうしやう》、子孫繁昌《しそんはんぜう》守神、
五本の柱ハ、牛頭《ごづ》天王、五穀成就《こくじやうじゆ》、食《く》らへど、尽《つき》せぬ守神、
六本の柱ハ、六地蔵《ぢぞう》、禄《ろく》を固《かため》る守神、
七本の柱ハ、七仏薬師《ぶつやくし》七福神の、宝を授《さづ》け玉へけり、
八本の柱ハ、長谷《はせ》の観音《くわんおん》神にとつてハ、八百万神、夫婦妹背《いもせ》の守神、

九本の柱ハ、熊野《くま》権現《ごんげん》、蔵《くら》にお荷物《にもつ》、出船入船《でふねいりふね》守神、
十本の柱ハ、十ぅ羅刹《らせつ》、十ぶん治《おさ》めて、国土安穏《あんのん》守神、
十一本の柱ハ、十一面観音、子だねをさづけ玉へけり、
十二本の柱ハ、薬師《やくし》の十二神、十二月の悪魔《あくま》を払《はろ》う守神、
三十六本の柱をハ、きりりしゃんと立《たち》玉へ、
弥勒《みろく》十年経《ねんた》つの年《とし》よ、神の立たない家《いへ》なれバ、
雨ハ降《ふ》れども、あま漏《も》りせず、
日ハ照《て》れども、干割《ひはれ》せず、
風ハ吹《ふ》けども、宝風あヲぐ、
八百年の御祝《いわゐ》

※引用者が漢字をあてた箇所の原文はルビに残した。原文にないルビは（　）を付した。

この続きは才蔵の出番となるのだが、ここまでの詞章は高田瞽女が唱えた万歳そっくりである。間接的であっても瞽女が万歳をこのような廉価な摺りものから学んだのかもしれない。

才蔵のセリフ

太夫が朗唱する由緒のある言葉と較べて、これに対する才蔵の文句は江戸の瓦版によく見られる滑稽の「尽くし物」の言葉遊びが採用されている。あるいは先に見たように、「越後節」として摺られためでたい歌詞も転用された。

才蔵は「そらこい、そらこいてば、こいこいこい」などの囃子からはじまり、最後は「さあさあ、これから太夫さんの番だ」などと言い、太夫にその場を譲る。必要に応じて越後瞽女は太夫と才蔵を一人二役で演じ分けることもあった。

刈羽瞽女の伊平タケの録音には、つぎの才蔵の「長い物づくし」が見られる。

長々づくしで申すなら、京都で三十三間堂
お江戸で三十三間堂、合わせて六十六間堂
こいつがべらぼに長いね
まァだも長いもんは、牛の小便十八町
朝から晩まで、たありたありたありたありと
こいつがべらぼに長いね

金子セキと中静ミサオもほぼ同じ「長い物づくし」を覚えており、明治の新潟県にあった板元も同じ類の詞章を上梓している。明治二十四年(一八九一)には、新潟県古志郡新町にいた丸山廣蔵は、『新ぱんごまんざへ』を発行し、二銭五厘で売った(図4-3)。表紙絵で太夫が三味線を弾いているのは興味深い。絵に添えられているセリフは以下のとおりである。

さあこいやれこらこ、いつもこ《か》う
　だか、ねいらんない、
長《なあが》い尽《づ》くしで、申《まうさ》そ《う》うなら、牛《うし》の
　小便《しよべん》、十八町《じよはちちやう》、
まだも、長《なが》いのは《わ》、東京《とうきやう》から西京《さいきやう》
　まで、レ《れ》ー《い》ル《る》を敷《し》き、
まだも、長《なが》いのは《わ》、日本中《につぽんぢよい》に蜘蛛《くも》
　の巣《す》を、張《は》ったよ《や》うな、
電信《でんしん》なんぞを、張《は》り散《ち》らかし、

図4-3　新潟県古志郡新町，丸山廣蔵版『新ぱんごまんざへ』の表紙．明治24年(1891)刊．

話《はなし》が、したけりや、ぴんとやれ、
行《よ》きたけりや、汽車《きしや》に乗《の》れ、
からからぴいと、つつらつのつうと行《よ》け、
まことに便利《べんり》でめでたい浮世《うきよ》だ、言《い》ったり、太夫《たよ》どん

※原文は全てひらがな（ルビ参照）、読点は原文のまま。

このように、三河万歳、越後瞽女、江戸の草紙屋、地方の零細な板元などが互いに影響しあって万歳が保存される一方、改作され、新作も生まれ、万歳は明治期まで生きた芸能として伝承・普及され続けた。

第5章

越後の瞽女唄
—節回し・三味線・物語—

玄関先で熱演中の越後瞽女．昭和45年(1970)前後，相場浩一撮影．

古い瞽女唄と新しい瞽女唄

近世日本は唄と器楽芸能の宝庫であった。各地方に「田舎唄《いなかうた》」や「鄙《ひな》ぶり」などと言われた独特な民謡、祭り囃子と神楽唄、旅芸人が伝えた三味線唄、当道が伝承した箏曲、虚無僧等が普及した尺八音楽、全国に伝播した諸派の浄瑠璃があり、都市では消えた芸能も地方では独自の発展を遂げていた。

人々は代々受け継いだ楽器を丁寧に扱い、自分たち独自の唄を育んだ。江戸の名主・斎藤月《げっ》岑《しん》の『声曲類纂』(弘化三年＝一八四六)によると、越後国蒲原《かんばら》郡水原《すいばら》(現・阿賀野市)に住む「盲人」は、都会では絶えた金平《きんぴら》節の浄瑠璃をおよそ三十段も記憶していて、一度に五、六段を連続して語った。さらにその師匠は七十段ほども覚えていたという。

また、越後の小千谷の風俗を記録する『やせかまど』(文化六年＝一八〇九)によれば、昔の人は秋の長夜になると、浄瑠璃を聴いて歴史を知り、名将智臣の功績や、勧善懲悪の近世的道徳を学んだ。

このように、地方の住民は古くからの音楽と歴史を大切にしたが、伝統維持だけでなく、流行歌も積極的に受け入れた。長岡地方の瞽女が「ざか唄」（座下唄）と呼んだ酒盛り唄や盆踊り唄は新しい芸能として越後者に珍重された。

盆踊りで盛んに踊られた「ざか唄」について『やせかまど』は次のように説明している。

> 踊り・音頭・歌さま〴〵ある中に、幼年の頃は〔皆が〕「新潟歌」といふ〔唄〕を謳《うた》ひしが、二十歳計りの頃よりして「大坂じん九《く》」といひるをうたひ踊る也。昔より幾度も換《かは》りしと老人の言へし。今、谷間塚の山などは、「三階ぶし」といふ〔唄〕を踊る。是も昔は「山升〔椒〕の木」といへるをおどりし、小千谷も、「もてこいサア」といふ哥《うた》をおどりしが、近頃「大阪甚九《〔じんく〕》」になり、今又「モテコイサア」になりしとや。人気に随ひ、さま〴〵変化すること不思議也。

小千谷の住民の大半にとっても、当地の唄は歴史を越えて伝わる古《いにし》えの民謡というよりは、不思議なほど変化する現象として、当時の人々に評価されたことがわかる。

同じく文化年間に成立した『越後国長岡領風俗問状答』にも、同様の見解が示されている。盆踊りには「おけさ」「甚九ぶし」など、長岡系の瞽女が「ざか唄」と呼んだ七七七五調の唄が多いとあり、これらも「いにしへぶりとは見えず」と推定されている。江戸の富本繁太夫も、越後の「おけさ」の替え唄には「いろいろあれども、皆新しき也」と評価している。当世風を好む若者の集いや宴会、寺社境内に招かれた瞽女が「いにしへぶり」ばかり歌えば報酬は激減し、二度は呼ばれなくなるから、他の芸人と同様に流行歌を多くレパートリーに取り入れたのである。

新しいものに対するこの意識は、越後瞽女唄の歌詞にも直接反映されている。序章で言及した門付け唄「岩室」の一部は、後に高田瞽女の「話し松坂」に取り込まれ、「当世はやりの岩室甚句」として唄の新味が強調された。古い説経系の詞章を特徴とする「祭文松坂」も、「なに新作の無きままに、古き文句に候えど」などの決まり文句で歌い始められ、瞽女は謙遜し「新作がない」とあらかじめ言い訳している。皆に好まれた「古い物」を歌うときにも、なにかしらの新しさを加えることが演奏者としての瞽女の矜持であった。

「松坂節」

第二章などですでに取りあげたが、「段もの」とも呼ばれた「祭文松坂」は、さまざまな内容の長い語りものを「段」で構成し、序奏や間奏、締めくくりに三味線演奏を聴かせるもので、越後瞽女の中心的な演目である。演奏者は詞章を問わずいくつかのフレーズに分けて節回しを歌い、演奏される地方や時代、演奏者やその所属する瞽女組によって、旋律や詞章、段の数に違いがある。しかし、ひとりの瞽女による「祭文松坂」の詞章と節回しは、生涯を通して大きく変化することはなかった。越後瞽女は通常人気の高い段のみを披露したが、聴衆の要請があれば演奏頻度の高くない段も聴かせた。

演奏は一段につき二十分余りかかり、素人では容易に暗記できなかった。「祭文松坂」は原則として晴眼者には伝授されず、演奏は越後瞽女がほぼ独占した。当道にとっての「平家」と同様、「祭文松坂」は、瞽女の職人的プライドと伝承の正統性を聴衆に刻印する演目であった。

「祭文松坂」の名前から窺えるように、このジャンルは「祭文」（おそらく祭文説経）の詞章と、江戸後期に関東甲信越と東北地方で知られた「松坂」（松坂節）の混合体であった。

近世後期の富本繁太夫によれば、江戸で「新潟節」と称された「松坂」は新発田（現・新潟県新発田市）に発生し、もともと人気の高い祝い唄であった（『筆満可勢』）。後に無数の「〇〇松坂」の名で各地に現れ、越後瞽女は「瞽女松坂」「婚礼松坂」「門付け松坂」などを習い覚えた。埼玉県越谷の榎本フジは、昭和三十五年（一九六〇）十月三日に「一口松坂」を録音している。

まず榎本フジの唄を少し検討してみよう（次頁、譜例5-1）。

演奏はまず十三秒程度の三味線前奏から始まる。やや低い音から開始するこの旋律は、しだいに高い音に上昇し、そこからまた下降して、大きなアーチを描く。これは他の瞽女唄の三味線前奏にも共通する。

この前奏を弾き終えた榎本フジは、次のような歌詞を歌う(＊は三味線間奏)。

夕べよ、夢に出たエ、めでたい夢は　＊
伽羅《きゃら》の枕で、繻子の夜具
金の屛風で十七と
見たと思ったら、あらアエ目が覚めた　＊
あらためてよエ、差しますエ、この杯は　＊
受けておくりよ、お客さんアー　［後奏］

譜例 5-1　榎本フジ「一口松坂」三味線前奏(本調子，実音は半音低い).

譜例 5-2　榎本フジ「一口松坂」の歌詞と旋律．実音は半音低い．

長短の異なる六つのフレーズからなる旋律である(前頁、譜例5-2)。前奏、二十二秒程の後奏、六〜十秒程度の間奏以外、三味線はほとんど弾いていない。

譜例5-2を見ると、榎本フジの「松坂」の最後の三つのフレーズは互いに似ていることが分かる。長い歌詞をのせるために、最後のフレーズを反復している可能性が高い。囃子詞の「よ」「え」などを除けば、最初の四フレーズは基本的には八七、七五、七五、七七の語調で構成されているが、最後の二フレーズは不規則的で、後に付け加えられた部分と思われる。旋律と歌詞がこのように引き延ばされて新しい唄となり、「二口松坂」と命名されたのである。「祭文松坂」もこのような過程を経て生まれたに違いない。「祭文」の長い歌詞が、適切に引き延ばされた「松坂」の旋律にのせられ、越後瞽女の定番「祭文松坂」となったのである。

「祭文松坂」の展開

「祭文松坂」は近世後期に完成したと思われるが、その後も新しい詞章が次々と出現し、そのモチーフは豊富になった。

代表的な演目に「葛の葉子別れ」「山椒大夫」「小栗判官」「信徳丸」、本章で紹介する「佐倉宗五郎」などがある。

近世〜明治期には「祭文松坂」に関する記録は、ほとんどない。比較的早い時期の証言として、相馬(現・福島県相馬郡)出身の仙台の按摩師・志賀清記の記述がある。志賀は祭文、浪花節、三味線、胡弓、尺八を演奏する芸人で、昭和十一年(一九三六)前後に、瞽女と「祭文松坂」についても次のように記している。

「祭文松坂」は瞽女の喰ひものである。従つてこれを聴かんとするには先づ瞽女を捜し出さねばならぬ。しかし瞽女は一所不定のものだから、これを見つけることは容易ではない。しかし宮城や福島にも五人や十人は居るし、山形にも居る。但し山形の瞽女の「祭文松坂」はナミタカ節と云つて、三味線・胡弓・尺八等の鳴りものには合はぬ。関東は栃木・前橋等にも居るが、本場は越後で、長岡には瞽女の問屋もある。

(藤原勉「祭文松坂の研究」)

志賀は「祭文松坂」の祭文が「ドサ流」とよばれ、「越後の祭文松坂で俗に昔節といわれ、松坂(京松坂とも坊主松坂ともいう)で始まり、松坂で終わるものである」とも述べている。

演芸界の楽屋言葉の「ドサ」とは「ドサ廻り」のように、田舎くさいという意味である。関東を中心としてこの祭文が明治以降にはやり、新しい展開をみせたので、聴衆は越後瞽女の「祭文松坂」の「祭文」の要素を「昔風」あるいは「田舎臭い」と感じたと推察できる。「京松坂」は関西に由来する節回し、「坊主松坂」は盲人法師が歌った旋律であったと考えられる。

志賀は「祭文松坂」の節を「上一《あげ》・中一《なか》・下一《さげ》」に分けており、「これは祭文の出し《だ》(語り出しの序節)を三つの部分に切ったもので、祭文松坂はこの三節をどこまでも繰り返してゆくに過ぎない」と解説している。

瞽女は江戸時代に盛行した説経祭文、上州祭文、常陸祭文などを試行錯誤で再編し、「松坂節」にのせ演奏したようである。

歌詞は時代、地域、仲間、組、家族などによって異なるし、旋律の構造も、三つのフレーズからなる唄、四フレーズ型、五フレーズ型などがある。前述した門付け唄と同様に、「祭文松坂」にも統一された「正調」はなかったのである。

幕末の生まれと推定される吉崎成吉(福島県双葉郡浪江町に在住した)は、常磐津節の三味線を習い、越後瞽女に師事した瞽女と結婚した。「祭文松坂」も歌えたが、彼によると、「祭文松坂」には新旧二通りあり、旧節は祭文調で、新節は旋律がより鮮明であったという。

「祭文松坂新旧の分かれ目は明治二十三年(一八九〇)頃でした。新と旧はどういう訳で出来たかよくは分かりませんが、其当時の我々の〔瞽女〕仲間の自己流が新となったかの様に思われます」（藤原勉「祭文松坂の研究」）。

これは福島県に流布した「祭文松坂」についての話だが、この時期には越後瞽女の節回しも改められていたかもしれない。これに対して、高田瞽女は祭文に近い、すなわち旧節の語り口を少し残している。「話松坂」というレパートリーもあり、これにも「コトバ」と言われた語り口の部分が含まれる。一方、録音された長岡系の瞽女の「祭文松坂」では、全ての詞章を、はっきりした旋律にのせて歌っている。

「段」の構造

「祭文松坂」の七五調の一句は「一《ヒト》コト」と呼ばれた。一コトは多くの場合、一つの旋律のフレーズからなっており、三〜五フレーズで曲の中心部となり、この部分が繰り返し歌われる。三フレーズ型の唄は、詞章の三コトごとに三味線の間奏が入るので、物語の展開は遅くなる。四、五フレーズ型であれば話の展開が早くなるので、高田瞽女の杉本キクエと長岡の最後の瞽女頭、山本ゴイ（山本マス）は、いずれも五フレーズ型の旋律を歌った。

いずれの型でも、「祭文松坂」は各段のはじめにおかれる三味線前奏で開始し、続いて「歌い出し」という独特のフレーズが歌われた。段を締めくくる際も、「段切れ」と呼ばれる特別な旋律が演奏される。東北民謡の育ての親といわれた宮城県出身の尺八演奏者、後藤桃水（一八八〇〜一九六〇）は、次のように語っている。

> その特に「祭文松坂」といわるゝは「松坂ぶし」の中の中《なか》おくにという節まわしを取り入れたるためと存じ候。中おくには中おくりと申す人もこれあり。普通の「松坂節」の中へ長く或は短く文句を入れ、例えば「安来節」の文字余りに於けるが如く、同じ節を繰り返し本文の下の句へ移るものに御座候。同じ節で送ってゆくので中おくりと申すものかと存じられ候。
>
> （藤原勉「祭文松坂の研究」）

祭文の詞章が「松坂節」の旋律にのせられたということであろう。祭文の詞章は非常に長いため、旋律は中心部で反復されて引き延ばされた。「祭文松坂」は一段ごとに次の①〜⑥で構成される。

① 三味線前奏
② 歌い出し

③ 三味線間奏（間《あい》の手／合いの手）
④ 中おくり（三〜五フレーズを反復し、そのつど③に戻る）
⑤ 段切れ
⑥ 三味線後奏

それでは、以下に長岡の最後の瞽女頭、山本ゴイが昭和三十三年（一九五八）四月十三日に録音した「佐倉宗五郎」の、最初の段を紹介しよう。

「佐倉宗五郎」の物語は、江戸時代前期の下総を舞台とする義民伝承で、近世中期以降さまざまな芸能の主題となり人気を博した。年貢取立てが厳しく農民を苦しめていた藩主への直訴が聞き入れられず、将軍・徳川家綱に直訴した宗五郎は、藩政は改められる一方、直訴の咎で磔刑、その後崇られるようになったとされる。

詞章の末尾に、前述の構成番号①〜⑥を付しておく。七五調、七七調、七七七調、三七五調などで歌われていく（□は不明の部分）。

祭文松坂「佐倉宗五郎」　　歌・演奏　山本ゴイ　（昭和三十三年四月十三日録音）

（三味線前奏）　①

あずまの鏡　義士伝記　②

（三味線間奏）　③

[1]佐倉宗五郎一代記　[2]ことやこまかに読めない《え》ど

[3]あらあら読み上げ奉る　[4]国は下総印旛の郡《こおり》佐倉の城下　[5]堀田上野《こうずけ》様のご本領　④1

（三味線間奏）　③

げに上野様と申するは　知行おん高が十一万五千石

取箇《とりか》の強いということは　窓が何尺何寸と　窓役まではよけれども　④2

（三味線間奏）　③

またも何十の百姓の、蓑役　鍬役まるの役

よ《い》ろりに立てたる火箸まで　みな役取らるる悲しさに　二百六十四ヶ村《そん》は　④3

（三味線間奏）　③

人種尽きるごとくなり　二百六十四ヶ村に隠れなき

上岩村の宗五郎様と　滝沢村の六郎衛門殿と　あまた百姓に頼まれて　④4

（三味線間奏）　③

あらあら百姓救わぬと　願いの願書をしたためて
花の東《あずま》へ急がるる　□□であずまになりぬれば　町《ちょう》は二丁馬喰町　④ 5
（三味線間奏）　③
上総屋方《かた》へ宿をとり　そのとき御老中と申するは
久世大和守様へ　一度二度はさておいて　三度の願いも上げたれど　④ 6
（三味線間奏）　③
一つのかないも無きゆえに　かご訴をなせしその罪で
佐倉の城下へばいとられ　厳しき獄屋のうき住まい　三尺たらずの獄屋人牢　④ 7
（三味線間奏）　③
五尺余たけの両人を　額にとおって押し入れて
首に首たが手に手がね　丈と伸びたる黒髪を　四方へさっと散らし髪　④ 8
（三味線間奏）　③
七十貫の石抱かせ　まわるものには目の玉よ
動くものとて脈ばかり　通ずるものにはいまははや　ほっと吐《つ》く息ばかりなり　④ 9
（三味線間奏）　③

まずはここらで止めおきる　⑤
（三味線後奏）　⑥

山本ゴイのこの演奏（前奏のほとんどは録音されていない）は、十分弱の短縮された「祭文松坂」である。他の瞽女が残した「祭文松坂」の録音では、④は数十回繰り返されている。

ここに引用したのは、演奏のうちの最初の一段のみだが、中には全十段以上で構成される「祭文松坂」の詞章もあり、それらは全曲を演奏するには数時間を要している。

「祭文松坂」の旋律

つぎに、越後瞽女の「祭文松坂」の旋律を簡単に分析してみよう。

演奏は先に紹介した榎本フジの「一口松坂」と同じように、アーチ形の三味線前奏で始まる。前奏の長さと旋律の詳細はそのつど変わり、かなり自由に展開される。

山本ゴイの録音からは前奏の前半がカットされているため、この部分のみ小林ハルの昭和四十八年（一九七三）の演奏で見てみよう。

小林ハルはまず解放弦を強くたたき、微妙な調弦を行っている（譜例5-3）。

前奏(①、三味線三下り)は、はずみの強いリズムを持つ旋律で高い音域まで上昇し、そして次第に降下し、安定性の強い音(AとD)を強調しながら歌声を備えている。

前奏が終わると、「歌い出し」(②)、すなわち各段の冒頭で一回のみ歌われるフレーズが演奏される。すでにその詞章を掲載した山本ゴイの演奏の場合は、次頁の譜例5-4のような旋律となっている。

「歌い出し」を短く歌う瞽女(小林ハル)、完全に省略している瞽女(中静ミサオ、伊平タケなど)もいた。山

譜例 5-3　小林ハル「祭文松坂」(「阿波の徳島十郎兵衛」)より(実音は長2度下). ①前奏(三味線三下り).

譜例 5-4　山本ゴイの「祭文松坂」より(実音). ②歌い出し(2 フレーズ).

本ゴイの「歌い出し」は、七五調の詞章（さくらそうごろ［う］＝七、いちだいき＝五）で、二つの息の長いフレーズにのせられているが、詞章の最初の四字（あずまの）は第一フレーズ、続く三・五字（かがみ　ぎしでんき）は第二フレーズに配分されている。語調の区切れ目と音楽的な区切れ目は一致していない。

次に演奏の中心部（④中おくり）に移行するために、短い三味線間奏（③合いの手）が入る。

譜例５-５に採譜した「合いの手」は、基本的に前奏と同工であるが、音域がより狭く、長さは短い。

続いて演奏は「祭文松坂」の中心部（④）に入る。

中心部は五つのフレーズからなっている（一六六頁の詞章の右肩の数字１～５参照）。

譜例 5-5　山本ゴイの「祭文松坂」より（実音）．③合いの手．

その第一フレーズ（譜例5-6）は、七五調の一コト（さくらそうごろういちだいき）で、不安定な音（C）であいまいに終了している。

続く第二・第三フレーズ（譜例5-7）、第四フレーズ（一七四頁、譜例5-8）のいずれも、やや高い音高から開始し、次第に低い音に降下して、安定感の強い音（A）で終っている。

第四フレーズは七七七調の詞章（くにはしもうさ　いんばのこおり　さくらのじょうか）をのせているため特に長い（譜例5-8）。

最後の第五フレーズは、三七五調

譜例5-6　山本ゴイの「祭文松坂」より（実音）．④の第1フレーズ．

譜例 5-7　山本ゴイの「祭文松坂」より(実音)．④の第 2〜3 フレーズ．

の詞章をのせている（左頁、譜例5-9）。

　このフレーズのおわりには、長岡系瞽女の「祭文松坂」がもつ独特な、十二拍以上も持続する音が歌われている。

　この引き伸ばされた音で、「祭文松坂」の一つの音楽的な単位（五つのフレーズからなる④）をひとくくりにしている。この中心部（④）が完結するごとに、

譜例5-8　山本ゴイの「祭文松坂」より（実音）．④の第4フレーズ．

譜例 5-9　山本ゴイの「祭文松坂」より(実音)．④の第 5 フレーズ．

譜例 5-10　山本ゴイの「祭文松坂」より(実音). ⑤段切れと⑥三味線後奏.

唄(曲)は「合いの手」(③)に戻り、あらためて五つのフレーズが反復される。

一段の詞章が終わりに近づくと、④の第五フレーズは「段切れ」(⑤)に移行する。山本ゴイは第五フレーズの長く歌い伸ばされた低音を若干短縮し、右頁の旋律を歌い、最後に短い三味線後奏(⑥)で、一段の演奏を締めくくっている(譜例5-10)。


山本ゴイの演奏の第四フレーズと第五フレーズでは、詞章と旋律との関係が不規則であることがわかる。詞章の構造的な単位と音楽の構造的な単位の間にはズレがあり、二つのフレーズが詞章のまとまりで結びあわされることで、「祭文松坂」の中心部に音楽と物語展開の前進力を与えている。

声と三味線との関係も「祭文松坂」の魅力を高めている。三味線は唄の旋律を少しずらしてなぞり、あるいは解放弦の音(AとD)を強調し、場合によってはフレーズとフレーズを切り離したりする役割も果たしている。前奏、間奏、後奏の独奏も演奏に欠かせない部分であり、声と楽器の相互作用は大きな効果を発揮している。

詞章とその形成

山本ゴイのほか、高田瞽女、長岡系瞽女、刈羽瞽女の「佐倉宗五郎」の詞章を比較してみると、組が違っていても、越後瞽女は多くの「祭文松坂」の物語を共有していたことがわかる。しかし、何を歌い、省略するかの選択は演奏者個人がその場で決めるのか、師匠から伝授された語句を忠実に再現しているのか、判断が容易でない。

杉本キクエが二十年間あけて二回録音した「祭文松坂」の「葛の葉子別れ」を聴くと、ほぼ全ての語句が再現され、しかもほぼ同じ順番で出現している。一方、伊平タケの二種の演奏では、多くの語句が入れ換わっており、語句のストックからその場で選んでいるようである。

結論を先取りすると、「祭文松坂」の演奏における詞章の構成は一様でなく、師匠の口伝に忠実な杉本キクエと自由を求める伊平タケをその両極端として、山本ゴイと小林ハルはおそらくその中間に位置しているようである。「祭文松坂」には旋律の正調が無いことはすでにのべたが、「歌詞の正調」も無かったといえる。

歌われている語句の共通性から判断すれば、これら四人の瞽女が演奏した「佐倉宗五郎」の背後に、何らかの「原典」があったと推察することが出来る。幕末・明治には「佐倉義民伝」

を題材とした実録、絵本、声色本、祭文、ちょんがれ、説経祭文など無数にあった。筆者は現存する数十種の出版作品を精査したが、いずれかを越後瞽女の「祭文松坂」のテキストと断定することは出来なかった。

佐倉宗五郎の物語は江戸後期に繰り返し流行したが、最初に人気に火を付けたのは嘉永四年(一八五一)八月、江戸の中村座で上演され、大あたりをとった「東山桜荘子《ひがしやまさくらそうし》」のようである。両国、柳原土手、浅草観音仁王門前などの小屋で、講釈師が宗五郎の悲劇を語り、日本橋土手《どて》蔵《ぐら》、向両国、西両国などの寄席でも噺家による上演が評判となった(『藤岡屋日記』)。そして幕末から昭和初年まで幾度となく改作され、明治三十年代頃から「佐倉義民伝」として定着した。伊平タケの歌い出しの部分に出て来る「佐倉曙義民伝」は、浪曲を指す可能性が高く、明治十年(一八七七)生まれの京山小円《きょうやまこえん》の代表的な演目であった。

小芝居、講釈師、噺家、浪曲師などの筋立は瞽女に伝わり、文才のある瞽女はこれらを「祭文松坂」のかたちに再編し、瞬く間に他の瞽女にも伝承されたのである。このような新しい歌詞と旋律の混和物が「瞽女唄」という固有のジャンルとして認識されるようになり、語り継がれるうちに「古典」となったといえる。

生まれ続ける新作

二十世紀になっても、越後瞽女は「祭文松坂」の新作を編み出し続けた。桐生清次が採集した次の話は示唆に富んでいる。

小林ハルは明治四十四年(一九一一)前後、十一歳のときに親方と先輩のクニと一緒に会津を巡業し、夜は田倉という村に一人で別宿した。宿の人々に「祭文松坂」の「葛の葉子別れ」を歌ったところ、聴衆は「あの葛の葉にどういうわけで狐が化けて子供を生んだんだろうな」という疑問を呈した。幼いハルは、祖父に読んでもらった本のことを思い出した。

昔は読売というのが流行っていて、子どもの帳面みたいな大きさの本を時々売りにきた。私は目が見えないから、孫じさまがその本をさわらせてくれたりした。読売の本には唄だとかまじないだとかいろいろ書かれていて、孫じさまは本の好きな人だったから、私が九つの年の正月に、ごぜ節にちょうどいい本があるといって私にかってくれた。

この読売を孫じさまは毎晩、縄あみや俵あみの夜なべ仕事をしながら私に読んで聞かせてくれた。口説の文句につづき、つづきとある。葛の葉だとか、お七の火あぶり、巡礼などが書かれていた。孫じさまは九十八歳まで長生きした人だったから、私に唄を教えてくれた時はたしか、六十二、三歳だったと思う。

（桐生清次『次の世は虫になっても』）

十一歳のハルは、祖父が読んでくれた「葛の葉子別れ」をもとに、親方の伝承した四段にはない読売の詞章を再編成し、「祭文松坂」の旋律にのせ、客に歌った。ハルの勝手な創作が親方の耳に届き、ハルはひどく叱られ、山の中で置き去りにされた。親方の立場から見れば門下が独断で新文句を工夫することは、伝統の破壊と師への反抗以外のなにものでもなかった。しかしこのような努力を誰もしなかったならば、「祭文松坂」はこの世に生まれていないだろう。

佐久間惇一が『瞽女の民俗』で報告しているように、小林ハルは二十一、二歳の頃、坂井キイ師匠と米沢地方を巡業した際、そこに居合わせた祭文語り（通称「首振り祭文」）から祭文の「信徳丸」を聞き覚えた。のちに記憶をたどり、これを新しい「祭文松坂」に作りかえしている。すでに師匠から独立しており、お咎めはなかったはずである。

昭和四十六年（一九七一）にも、小林ハルは、出湯温泉に湯治に来ていた新潟市女池《めいけ》の老女、渡辺某という素人からそれまで習ったことのない「祭文松坂」の「石童丸」の二段を習得し、それに「石童丸」の琵琶唄の文句を付け加えて、三段物につくり直したという。旅中において短期間で複数の人から習った文句を単に再現したのではなく、肝心な表現を心に刻み、後で節回しにうまくあわせながら再創作したと考えられる。

杉本キクエも「実家にいる頃、父親が講談本を読んできかせたり、流行り唄を歌って聞かせた」と回想しており(大山真人『わたしは瞽女』)、父親が朗読した本から「佐倉宗五郎」の第十段目を仕上げたこともあったという。斎藤真一が指摘しているように、杉本キクエは「ちよのぶ」という「はずれ瞽女」から「片山万蔵」(十二段あるいは十五段もある)を伝授されている(『越後瞽女日記』)。詞章の大枠はおそらく講談からとったのであろう。

こうした創作活動の多くは、各地の瞽女仲間の統制が急速に脆弱化していった時代に行われた。江戸時代には弟子の創作活動はより厳しく制限されたが、僻地ゆえ強い支配を受けなかった瞽女や破門された「はずれ瞽女」はかなり自由に作詞に取り組むことができたと思われる。

瞽女の「くどき」

瞽女のもう一つの重要な演目である「くどき」は、「祭文松坂」とちがって、当時まだ生々しい事件を主たる題材にしていた。心中事件が好んで扱われたので、「くどき」は「心中くどき」とも呼ばれる。哀調を帯びた唄は瞽女の得意芸のひとつに数えられたので、「瞽女くどき」とも称された。その各段は第四章に見た「越後節」と同じく、「やんれ」「やんれい」の掛け声でしめくくられたため「やんれくどき」とも呼ばれた。

越後では、「くどき」はそれほどの人気はなかったが、天保頃以降、関東を巡業する瞽女にとっては「くどき」こそ、必須の人気レパートリーであった。

甲府の瞽女も「くどき」を歌っていた。役人の言葉を借りれば、明治六年(一八七三)以前、甲府の瞽女は「俗に心中節と称へ、多く情死の事を作る、甚だ淫鄙な」唄を歌っていた(『山梨県史』第三巻)。「心中節」とは「くどき」のことである。

茨城県の潮来の瞽女も、遊女と何兵衛の息子が情死を果たし、死体が川下で発見されたことが取りざたされるとすぐに「糸にのせて」歌った、と江木定男が大正四年(一九一五)に報告している。「あれは――加《か》藤津《とうづ》の――十二――の――橋よ。渡る時には――思案もし――たが」などという歌詞がみられ、七七調の「くどき」である。

潮来の「くどき」は瞽女が自ら創作したようであるが、「くどき」の新作は通常江戸の戯作者、噺家、草紙屋などによってひねりだされ、低廉な冊子に刷られ、店先と大道で販売された。信州、越後、加賀、東北地方などでは種々のテーマを扱う「地くどき」も作られた。

例えば、山形県西置賜《おきたま》地方の江口家所蔵の唄本に「おもゑくどき」が含まれ、近頃注目されてきた。十六丁の表に「弘化五申年　出羽米沢下長井　黒鴨下場　筬助」と記されている。同家には、宮城県・岩手県を中心に伝わった五段の「女川飯田口説《おんながわはんだくどき》」の写本も残っている。しかし、この類の「地くどき」を瞽女唄と断定することはできない。越後にも「瞽女口説　地震之身之上」という有名な歌詞本が伝わっているが（横山旭三郎編『くどき歌』）、瞽女が実際に歌った形跡はない。むしろ越後在住で安政六年（一八五九）に没した著者の斎藤真幸が、当時もてはやされていた「瞽女くどき」に触発され、新しい詞章を書き下ろした可能性の方が高い。

人気の高い「くどき」

「くどき」が明治期まで広く民衆に愛読、愛唱されたことは山口県出身の音楽学者で批評家の兼常清佐《かねつねきよすけ》（一八八五〜一九五七）の証言からも明らかである。嘉永四年（一八五一）生まれの母親サチから聞いた話を、兼常は以下のように綴っている。

母の若い時は、勿論今日の女の様な豊富な感情と情緒とを楽しむ事は出来ませんでした。旧道徳の束縛はかなり強烈なものでした。若い空想と感情は多くは芽をも出さずにしまいます。狭い部屋がその全世界です。この様な若い娘には、道を読売りに歌って歩く「口説《くどき》ぶし」は実に感興の多いものでした。母は友だちと計って、小づかい銭をためて、寺小屋の帰りを、友だちのうちに集まって、その読売りを呼び込んできゝました。その文句をおぼえ、或は時にはかき取りました。そしてとう〲長い物語を全部おぼえました。この秘密を知っているものは、おともの仲間《ちゅうげん》〔武家の奉公人など〕だけでした。その物語は鈴木主水《もんど》の恋物語です。母はその節《ふし》をも晩年まで忘れませんでした。この「口説ぶし」も母の追想からはなれることは出来ません。その読売りの女の名はおやすです。

（『兼常清佐著作集』第十五巻）

「読売りの女の名」の「おやす」とはおそらく演奏者の名前ではなく、物語に登場する鈴木主水の女房を指しており、兼常の記憶違いかもしれない。したがって、幕末の山口県に瞽女が「鈴木主水」を歌っていたという証拠とはならないが、その歌詞が山口県にまで普及し、読売が歌ったことは疑いがない。

「鈴木主水」の心中事件は実話ではないようだが、「くどき」としては天保年間（一八三〇～四四）に流行し、それを機に実録本、後日談の「くどき」などが相次いで板行され、人口に膾炙した。嘉永五年（一八五二）には、江戸市村座初演の三世桜田治助作「隅田川対高賀《ついのかが》紋《もん》」と題された狂言に、「この節はやる瞽女のうたふ鈴木主水と四ツ谷新宿妓楼橋本屋白いと小うた」が取り交ぜられ、「鈴木主水」が歌舞伎として上演された。その後も繰り返し改作され演じられた(『続歌舞伎年代記』)。

「鈴木主水」ほどではないが、越後瞽女が歌っていた通称「大工ごろし」の「くどき」も人気のある唄として、歌舞伎狂言として当たりをとった。題材となる事件は越後の赤田村(現・新潟県刈羽郡刈羽村か)に起こった。赤田村の盆踊り唄の歌詞(次頁以下参照)では、事件は天保八年(一八三七)十一月十二日と伝えられているが、真相は不明である。ただ「くどき」が作成された当時にはまだ時事性があったに違いない。

安政四年(一八五七)十月十六日、江戸の市村座で『伊達《だて》競《くらべ》阿国《おくに》歌舞妓《かぶき》』第二番目「糸時雨越《いとのしぐれこし》路一諷《じのひとふし》」として上演された狂言として、越後に「その名も高き大工殺し」を語る瞽女の「小唄」(つまり「くどき」)が取り込まれた。これも「大出来」と評価されている。尾上菊五郎が悪女のおそよを演じ、板東彦三郎は間夫の飴屋次郎三、板東亀蔵は大工の喜蔵の役をつとめた(『続歌舞伎年代記』)。豊国による大判の錦絵(役者絵)も残っている。

市場に大量の「くどき」を放出したのは、江戸の草紙屋であった。馬喰町三丁目で店を構えていた和泉屋永吉板は『越後蒲原郡赤田村しんぢうもんく[心中文句]やんれぶし』を刷り販売した(桑山太市「唄本の出版元」)。板元の「十」と名乗る者(江戸の草紙屋と推測される)も同題の本を刷りあげた。金沢の近八朗右衛門も明治十九年（一八八六）に『大しんはん大工ころしくどき』を発行した。民俗調査では富山県と新潟県でも「おそや大工ばなし」「次郎さ口説」など同じ筋をもつ「くどき」が採集され、盆踊り唄として歌われた。

赤田村北方で採録された広川末治（明治十六年＝一八八三生まれ）の記憶によると、先述の盆踊り唄「赤田くどき」は存在する（鈴木昭英「刈羽瞽女」）。

この歌詞（A）を、板元「十」が発行した『越後蒲原郡赤田村しんぢうもんくやんれいぶし』（一八九頁、図5-1）の語句（B）と比較してみよう。広川末治が唄を瞽女から習った確証は無いが、最初の六句は瞽女唄の「祭文松坂」の歌い出しに酷似している。口頭伝承と刊本との語句を較べてみると、その類似性が偶然でないことは一目瞭然である。

A　さても一座の　皆さん方よ　私はこれから　おそやがくどき
　事もこまかに　読みたてまつる　国はどことよ　尋ねて聞けば

A　越後　刈羽　　郡　　　柏崎　　　　在の
B　ゑちごかんばら［蒲原］こふり［郡］、かしわざき［柏崎］ざい［在］の

A　村　　と申せば　赤田　の村　よ　赤　田村とて大そうな村で
B　小な[名]を申せバ　あか田のむらよ、あか田村とて大地がごゥざる
A　寺が三か寺　庄屋が二軒　　二軒　庄　屋は　　北方名主
B　寺が三ケ寺、庄屋が二けん、二けんせう[庄]屋の北方名主、
A　名主　下がれば　丸山大工　腕が立つ上　働き者で　村はおろそか　ご世間までも
B　なぬし下レば　　丸山の大工
A　頭領々々と評判高く　秋を過ごせばお名主様に　留守居たのみて　上州辺へ
　冬の稼ぎに　お出かけなさる
A　　　女房もろうて　七年あまり　その名おそやに　　子供が二人
B　だいくにようほ[女房]に、　　　　　　　　おそよといふて、

A　女房おそやは　お器量よしで

A　年のころなら二十と二三　器量のよいこと

たといえたならば

B　としハ　三十三［ママ］、けつき〔血気〕の女子

ところが、これ以降の歌詞には共通性が急に消滅してしまう。広川の話は大きく肉づけられ、プロットの進み具合は極めて遅い。大工の仕事一筋の生き方は美女のおそよの不満の種となり、「ま男いたしして、発覚おそれ、亭主殺して、駆け落ちいたし、おそやくどきと相成りました、後の世までも語られまする」と歌い手は聴衆に語りかけ、それから大工の毒殺と間男が二人の子供をも無惨に殺害することを五段にわたり延々と歌う。長い唄は

図 5-1 『越後蒲原郡赤田村しんぢうもんくやんれいぶし』の歌詞本，上下の表紙．

踊り手に喜ばれたため、文句が大きく増補されたのであろう。

一方、「十」が刷って販売した本では、話がどんどん展開し、一冊の歌詞本に収まるようにまとまっている。このように用途によって、歌詞が自由自在に変えられた。越後瞽女の歌う「大工ごろし」は録音されていないが、おそらく同じように「商売」に沿うように再編されたであろう。

「くどき」の旋律と構造

瞽女の「くどき」はスケールの小さい三味線前奏から始まり、「歌い出し」のフレーズのある唄とない唄がある。唄の中心部は幾度も反復される二つのフレーズから構成される旋律で、各フレーズは七七調の語句をのせている。一段の終わりには「段切れ」のフレーズが歌われることが多く、それに続き三味線の短い後奏が弾かれる場合もある（榎本フジの演奏を含む多くの録音はその途中で切れる）。基本的には「祭文松坂」と同じ構造である。

前章にすでにあげた榎本フジの「蚕くどき」の音楽的要素を、短く検討してみよう。

高齢のため榎本フジの録音演奏の音高は極めて不安定だが、わりとはっきりしている二回目の反復を採譜した（譜例5-11）。

譜例 5-11　榎本フジの「蚕くどき」．1960 年録音．三味線は二上り調，実音は半音高い．

第一フレーズ①の音（F）が第二フレーズ②の音（E）へと変わっているので、旋律の前半と後半が異なる。微妙な変化ではあるが、唄が単調にならないよう工夫がなされている。また三味線伴奏も単に唄の旋律をなぞっているだけではない。途中の短い挿入部がフレーズを切り離しており、五拍からなる間奏は、反復される旋律の開始の合図となっている。このように、単純でありながら、効果的ではっきりした音楽的構造が成立しているのである。

終章

終わらない終わり
—瞽女が残したもの—

巡業の帰りに関谷ハナ，中静ミサオ，金子セキが現代文化に出会う．昭和 45 年(1970)前後，相場浩一撮影．

芸能の商品化

明治維新にともない、全国の瞽女は未曽有の危機に直面した。二百年以上も続いた組織、文化、生き方は「文明開化」に似合わない存在とされ、瞽女・為政者・民衆の三者間の関係は大きく揺れ動いた。

どの地方においても瞽女の古い暮らしの崩壊は時間の問題となった。しかし、瞽女に求められた変革の内容、速さ、程度などは地方によって大きく異なっていた。瞽女の活動を禁止する府県とそうでない府県、商業化の波に乗ろうとする瞽女とそれを拒む瞽女、強い組織を維持する瞽女とそうでない瞽女など、各地の瞽女は独自に生き残りを図り、未来への糸口を探った。

幕藩体制の崩壊で、大名・旗本は廃止され、武家社会に仕えた瞽女は後ろ盾を失った。都市の町人層は依然として三味線唄と箏曲の演奏と稽古を望んだが、瞽女は将来を楽観できなかった。瞽女唄を宴会の余興としてきた者の多くは、徐々にこのような演奏は新時代にはそぐわないと感じるようになっていく。

地方都市の花街にも「近代化」の波が押し寄せ、近世中期から花街に唄と音曲を提供してきた瞽女は働く場を追われた。

その一例が越中の高岡で見られた。もともと高岡では都市で活躍していた瞽女は花街の一区画の「瞽女町」に配置され、手引きをする女性が養女として瞽女についていた。実は客が目を付ける「本当の玉」は手引きのほうであった。瞽女町では一軒にたいてい二、三人の芸妓がおかれ、客間は二階に二間、一階にも一間か二間があった。一日に精々二組の客もあれば上出来という具合で商売が進められた。この制度は江戸後期〜明治初期の百年以上続けられたようである。

だが、「お金が目の前にぶら下がっていたといっても、知らないお客は一切家へあげない」といった慣習は明治以降は通用しなくなり、手引きも養女というよりは単なる従業員に変わった。旅籠町の遊郭と瞽女町が合併させられ、遊郭は瞽女町の表通りの方へ移され、両町は一つの組合の規則に従わなければならなかった。目立たないようにしていた瞽女町も行政当局には「貸座敷」とみなされ、格子の前へ行燈を掲げることを義務づけられた。特色を失った瞽女町からは客も減り、貪欲でない店主は廃業に追い込まれた。

明治三十三年（一九〇〇）、高岡の町は大火に襲われた。その後も瞽女町では一軒が営業を続けたが、これが高岡の瞽女町の終わりであった（村井雨村「瞽女町」）。

農村を巡業する瞽女、あるいは大都会と都市部の底辺で活躍していた瞽女も、改革に迫られながら何とかこの難を凌ごうとした。群馬県の瞽女は毒消しの薬、他所の瞽女は唄本(歌詞本)などを売り捌き、稼業の多様化を図った(『渋川市誌』第四巻)。ラフカディオ・ハーン(小泉八雲)が明治二十九年(一八九六)に出会った瞽女も、流行歌の刷りものの束を持ち歩く七、八つの息子をつれて回っていた。

明治以降になると、瞽女が農民から受け取っていた「初穂」「布施」「奉加」と称された米銭も宗教的な性格が次第に薄れ、単なる「お支払い」となっていく。営利目的で宿を経営する者が増え、瞽女も度々それを利用するようになった。

芸能の商品化がさらに進んで、瞽女に対する見方も徐々に変わっていった。刈羽瞽女の伊平タケが回想したように「商売人だから、何言うても歌ってくれるだろうと思っている人」が増加し、瞽女は一寸刻みに「エンターテインメント産業」の附属物となっていった(竹内勉『じょんがらと越後瞽女』)。明治初期にはまだ誰も予測しなかったが、それは瞽女の社会的地位の没落をも意味していた。

明治の芸人取締り

明治元年（一八六八）七月に政府は「乞食」を江戸の御曲輪内《おくるわうち》（内堀以内の市域、現在の大手町・丸の内・皇居前広場、そして皇居など）から締め出し、翌年の六月二十九日には和田倉、馬場先、桜田の三御門内への門付け芸人の出入りを差し止めた。しかし、この措置は期待された効果をあげなかった。「十一の御門が締め切られる直前に彼らは風呂敷に包んだ三味線を持ち御門内へ忍び込み、人通りのないところで日が暮れるのを待った。暗くなると三味線を取りだし、十一門の内を弾き歩いた。発覚しても立入禁止令など知らないなどと偽ったため、取締りはさらに強化された」（『明治初期被差別部落　史料集』明治四年＝一八七一、四月十三日）。

京都でも明治元年十一月から「乞食の体」の者の「片づけ」が着手された。東京の三田では「救育所」が開設され、その四か月後には麴町と高輪にも「乞食」の収容施設が作られた。大道芸人を含む「乞食」の撲滅運動は、その後も様々な紆余曲折を経て続き、明治五年（一八七二）、明治政府の芸能に対する基本方針が示された。教部省は「音楽歌舞の類」は人心風俗に影響を及ぼすと主張し、演劇は勧善懲悪を専らとすべきで、遊芸を業とする者は「従来の弊風」を避け、身分相応に営業すべきであるとした。

「弊風」の廃止は、「非近代的」な門付け芸の駆除につながった。同じく明治五年の十月よりロシア皇太子の来朝を機に、東京府は「乞食」の大掛かりな収容に乗りだした。十月の『新聞雑誌』（六十六号）の記事によれば、近来、「乞食物貰」が府下において増加し、夜中には「路傍に跪《ひざま》づき、三絃《サミセン》手業抔《など》を以って袖乞」をしたとある。この「乞食物貰」の多くは、門付け芸人であっただろうと推測される。

「乞食」弾圧の波は地方にも及んだ。山梨県も明治五年（一八七二）八月以前より管轄内の「乞食徒」の復籍を命令した（『御坂町誌』資料編）。明治六年（一八七三）十一月の「県令」によれば、「授産ノ道」を立てるために「乞食」たちを旧籍の村に送る多額の公費が捻出されていた（『山梨県史』第三巻）。

群馬県では、同じく明治六年五月九日に「県令」が発せられ、「乞食非人ノ類」の徘徊禁止が再確認された。そして「梓巫市子、瞽女、辻浄瑠璃・祭文読之類」も発見し次第、役人に報告すべきであると規定された。「乞食」や瞽女などの支援よりも、その放逐が命じられたのである（『群馬県歴史』第二巻）。

埼玉県は、県内をさすらう芸人を対象とした免許鑑札制度を導入した。明治八年（一八七五）三月に「遊戯をもって渡世とする者」に鑑札を交付することが決定された。法令が列挙した「芸人の種類」には小歌・浄瑠璃の演奏者、笛・尺八・太鼓・琴・三味線・琵琶などを弾く者、手踊り、祭文読み、俳優、手品師、人形遣い、相撲取り、軽業などが含まれ、皆に鑑札の保持が義務付けられた。瞽女も例外ではなかった（『埼玉県史料叢書』第四巻）。

関東甲信越以外の地方においても、事情はほぼ同様であった。鳥取県となった鳥取藩は明治まで祝儀・不祝儀の際に瞽女・座頭に「給付金」を配っていたが、明治以降は廃止された。明治五年、鳥取県は道路を往来する者の雑曲や唄などを禁止し、翌年一月には「乞食」も違法とし、それぞれの郷里の親戚のもとへ帰るよう命令された。一斉検挙された「乞食」には相応の作業を与え「督責」すべきとし、「不具等」で「自営」の道が閉ざされた者には、特別の鑑札が渡された。その二か月後には越後獅子の興行も差し止められた。明治七年（一八七四）までは、農業の余暇の万歳、人形遣い、手踊りの類の活躍はまだ許されたが、同年七月より彼らも浮薄遊惰の民と見なされるようになり、興行には許可が必要となった。

近代的な税制の導入も芸人には打撃であった。鳥取県の場合、明治八年九月に新税の規則を発表し、翌年一月一日から施行されたが、それまで課税の対象とならなかった歌舞音曲に携わる芸人には月に金一円、その指南者には月に二十五銭の納税義務が課せられた。さすがに非難の声があがったのか、税制施行後一か月あまりで、「盲人」は課税の対象から除外されている（『新鳥取県史』資料編、近代Ⅰ）。

「乞食」と同視され転業を余儀なくされた芸人の数は、日増しに増加し続けていた。

瞽女・座頭の禁止令

転業が容易でない視障者にとって、「乞食」取締りは大きな痛手であったが、さらなる打撃は明治四年(一八七一)十一月三日の「盲人ノ官職」の廃止(当道廃止令)であった。太政官布達は、当道の座員の「配当」集めを差し止め、仲間組織で持ち場を区分して針治・按摩の「営業を妨げる」ことを禁止した。盲人の営業は銘々勝手次第となり、入籍・復籍は各自任意にゆだねられ、地方官が取り扱った。結果的に、当道の即時の全面的廃止となった。組織を剝奪された座頭は、孤立した個人として社会に組み込まれ、「配当取り」や瀬戸内地方の諸藩が支給した「居扶持」などの権利をいっぺんに失った。既得権が奪われた大勢の視障者にとって明治維新は「文明開化」どころか、さらなる苦難の幕開けであった。

府県の行政官は瞽女の廃止も検討しはじめた。明治六年(一八七三)五月二日、山梨県は瞽女稼業の禁止を命じた(『山梨県史』第三巻)。布達には長い説明文が含まれ、民衆と役人の両方の見解が窺える。それまでは、法令によって「取締」(座元)に統率される仲間が甲府の横近習町に存在した。瞽女組織は県内の女性視障者を貰い受け弟子にし、「絃歌《なりものうた》」を教え、村々を「徘徊《たちまハり》」させた。やがて米銭を乞う生業となり、当時の人員は二百五十人。失明した娘を瞽女に預けなければ、その家の他の子供も失明するという俗信があり、視力を失った女子はかならず瞽女仲間に加入させられた。役人にいわせれば、これは「親子の情に悖《もと》る、倫理《りんり》を壊《やぶ》る」風習であり、失明の原因は父母の「放蕩」、天然痘、怪我など、両親の「身の不行状《ふぎやうじやう》」と不充分な養育保護から発生しているのだから、因果輪廻の愚説に迷った保護者が「癈疾《かたわ》の我子を癈疾の瞽女に与へ、目前乞食《こつじき》の業《わざ》を為さしむる」とは親たる者の道といえるのか、ということになる。救助すべき「癈疾無告《よるべなき》」者が同じ「癈疾」の者に使役され、糊口を営むとは、「文明の今日」にあるまじき筋であると力説する。

こうして、瞽女に「盲児を遣《つか》ハす事」は禁じられ、瞽女はそれぞれの生家に帰籍させられた。生家に帰れない者は親類に引き渡され、「懇《ねんごろ》に扶助いたし遣すべし」と命じられた。親類もない者は当分そのまま差し置き共助策を講じるとしている。こうして二世紀以上存続した甲府の瞽女仲間組織は解体された。

翌年の明治七年（一八七四）に足柄県（現・静岡県と神奈川県の一部）にあった三島の瞽女組織も、突然廃止された。同年十一月二十二日に県は「隊ヲ成シ、各戸ニ銭ヲ乞フ」瞽女は開化になじまないとし、「旧染ノ陋習」を維持しているという見方を示した。瞽女の巡業は禁止され、それぞれ原籍へ編入する法案が足柄県議会に提出され、採決の結果、賛成二十人、反対一人で可決された。瞽女を親類縁者に扶助させるため出身村に帰還させなければならないが、それには少々費用がかかると予想されたため、明治八年(一八七五)一月に財源調達に関する議案が出された。その骨子は、伊豆の六万戸から一銭ずつ徴収し、集めた六百円を瞽女五十四名すべての原籍編入費用に当てるというものであったが、この案が実を結んだ形跡はない。にもかかわらず、瞽女の組織は解体されたようである。

この他の地方でも、瞽女の取締り強化が図られた。例えば、明治六年(一八七三)、三潴《みずま》県(現・福岡県と佐賀県の一部)でも瞽女の門下が遊芸に気持ちを奪われ、教育の本旨を妨げると決めつけられて瞽女の弟子取りが禁じられた(『柳川藩史料集』)。

越後瞽女の組織改革

一方、多くの瞽女人口を抱えた新潟県は、瞽女の禁止を発令しなかった。明治後期まで県内のいくつかの町村は門に立ち銭を乞う者を排除しようとしたが、瞽女はその対象外とされた。例えば、明治三十七年度(一九〇四)、刈羽郡の赤田町方の「総会」は「諸勧人[進]、物貰には一切金銭又は食物等を与る事を禁ず」と決議したが、瞽女・座頭には触れていないので、「物貰」として数えられたかどうかは疑問である(『赤田町方郷土史』)。視障者が明示的に例外扱いとなった場合もあった。同年十二月二日、太田村（現・長岡市）の重立協議会は「飴売、獅子舞、神楽、無関係僧ノ托鉢、物品押売、虚無僧等ニ金銭物品ノ授与」の禁止を決議し、「奉加物貰」も差し止めたが、「盲人ハ除ク」と明記した（『山古志村史』史料二）。

廃止された当道の代替施設として教育機関に期待が集まったが、最初に学校を設立したのは政府ではなく民間であった。明治二十年（一八八七）に高田に盲学校が創立され、新潟県の近代的な「盲教育」がようやく緒に就き、当初は「盲人矯風研技会」と名づけられた。明治二十四年（一八九一）からは「私立訓矇《くんもう》学校」に改名されたが、それは、事実上の国際基準となっている日本語ローマ字表記法を考案したジェームス・ヘボンの高弟で、眼科医にして宣教師の大森《おおもり》隆碩《りゅうせき》と数人の有志の努力により開校が実現した。学校は失明した児童・生徒を広く募集し、大森は私財を投じてその指導を組織的に開始した。創設当初は独立した校舎はなく、高田の民家を学校にあてた。四年制の普通科（修身、国語など一般学科）と技芸科（鍼、按摩、箏などの技術）の二課程が設定され、入学年齢は満十一歳以上、定員は二十名とした。

弛みない努力にもかかわらず、児童・生徒数が二十人の定員数を充足した年は明治三十年代にはなかった。学校発足の目的であった「弊風を矯《た》める」「実業を改良する」などの実現のめどが立たなかった。遠方に住んでいた女性視障者や授業料が払えない者の多くは、相変わらず瞽女の仲間組織に救いを求めた。しかし、この仲間も時代の新しい波に洗われ、組織改革に取り組みはじめた。廃止令の機先を制するため、瞽女仲間は封建的な「弊風」の温床ではなく、近代的な職業支援組織であることを行政当局に見せることが得策と判断したのである。

先ず動いたのは高田瞽女であった。文章化された規約を持たず、従前の慣例にしたがって行動しつづけてきた瞽女一同は、「商議の上」、明治十七年(一八八四)に十五条からなる「高田瞽女仲間規約書」(上越市立総合博物館蔵)を制定した。

形こそ近代的な協同組合の規約書を装ったが、中身は新味に欠けていた。互いに誹謗せず、他人の営業を妨げず、名を偽らず、師匠を変える際には元師匠の承諾を得、師匠の意に逆らわず、ルールを守ることなど、古い「瞽女式目」に見られた条目の多くをほぼそのまま踏襲した。そして違反者は同業一同で協議のうえ、一円から五円の罰金が科せられることが明文化された。

第八条以下は一同の集会の日程、「頭取」(瞽女頭)の選出方法、師匠が門弟の違反に連座責任を負うことなどが示された。また弟子を取る際の年季証書の雛形も記載され、集会の出席義務が明記され、十年間修業した門人は師匠の同意を得て弟子を取ってもよいことが保証された。無断で休暇を取り師匠の家を去る者は面倒を見てもらった期間分、一年につき一円の罰金(教育料)を収め、営業道具を師匠に差し出すことが決められた。

明治三十四年(一九〇一)にはこの「規約書」は取り消され、新しい「規約証」が作成されて八十九名の瞽女が署名した。全十二条の新規約証では、罰金の金額の上限は五円から十円に引き上げられ、年季証書には保証人の連署が義務付けられ、「頭取」は任期制の「取締人」となり選挙で決めることが明記された。会員が規約に違反し脱会を希望する場合は、臨時集会を開き、協議のうえ、金二十円以上を支払わせ、受諾することも定められた。抜本的な改革ではなかったが、仲間をより合理的な団体に変身させることにはある程度成功したと考えられる。

高田瞽女が規約を改定するよりも先に、長岡系の瞽女たちも動きはじめた。明治三十一年(一八九八)に仲間を「中越瞽女矯風会」と改名し、四十六条にも及ぶ長文な規約を策定・印刷し会員に配った。「矯風」といえば、先に述べた大森隆碩らの「盲人矯風研技会」の影響が想定されるが、すでに明治十九年(一八八六)に矢島楫子《かじこ》らがアメリカの禁酒運動婦人団体の日本支部として「東京婦人矯風会」(後の日本基督教婦人矯風会)を創立し、明治二十一年(一八八八)には岡野紫水《しすい》らが「日本演芸矯風会」を組織している。「改良」とならんで「矯風」は明治中期の合言葉の一つであった。

長岡系瞽女の「矯風会」はこうした「矯風」運動の流れを汲み、瞽女仲間組織の刷新を世間にアピールした。規約の趣意書は「癈疾不倶の身にありては就業の道甚だ狭し」と警告し、新しい組合の目的は「同盟中生業上の弊害を矯《た》め、利益を図る、各自生活を保ち及んで、父兄の恩に報ゆる」ところにあった。六つの支部が置かれ、総本部は従来通り長岡の大工町の山本ゴイ宅に定められた。組合員には密通のような不祥事、色情に耽るなどの道徳に反する行為は厳しく禁止され、品行方正の重要性が繰り返し強調された。そして既婚者は仲間から除外され（第十五条）、他の業を営むことができるほどの視力を有する「眼明キ」と「半盲目」も入門が許されなかった。手引きは雇い入れてもよいが、三味線を教えてはならない（第十四条）。晴眼者は事務員として、会頭と副会頭が任意に選任した（第二十五条）。矯風会頭は山本家に限定され、無給の役であった（第二十条、第四十二条）。他の条目は規則を破った者の処罰、脱会を希望する者の取り扱い、入門・退会の書類の雛形など様々であった。高田瞽女の規約書と同様、肝心の部分では旧習を引き継いでいたのである。

束の間の隆盛

このように、明治時代は瞽女にとって波瀾の時代であった。西日本では「居扶持」が取り上げられ、「配当取り」が禁止され、「乞食」としての差別に悩まされ、組織の解体が命じられ、仲間の改革を迫られた。そして芸能の需給の調整は、ますます市場にゆだねられるようになった。

しかし、世の中が目まぐるしく変わる時も、文化の変化はそれには遅れるのが常である。民衆は依然として、瞽女が提供してきた慣れ親しんだ唄の演奏を希求した。女性視障者の経済的自立を促す圧力も高まり、瞽女という生業が弾圧の対象とされなかった地域では意外にも、その数が増加した地域もあった。例えば、明治期の越後において、瞽女人口は一時軽く五百人を超えたといわれる。

瞽女とならなかった女性視障者にも、新しい役割が与えられるようになった。すなわち結婚、出産、子育てであった。富国強兵という理念に沿って、明治期の社会は女性に労働者と兵士の生産に専念するよう圧力をかけたのである。

これについて伊平タケは次の通り語っている。内容はおそらく師匠あるいは先輩からの伝聞であろう。

昔、ゴゼさんのできたころには、目が見えなくて、子供があったら育てらんねえし、家庭のいろいろなこともできねえから、亭主を持たないで、芸を一生懸命やった方がいい、ということになったんだネ。

それがね、日清戦争のどき、子供を持っていいことになったの。日本が「産めよふやせよ」というように世の中が変わった。何でも人間が大勢いなければ、日本は強くならないから、たとえ目がみえなかろうが、あるいはしゃべらんねえだろうが、子供を持たれる（子を産むことができる）人なら、人に飼って［育てて］貰ってもいいからとね。

（伊平タケ述『聞き書 越後の瞽女』）

女性視障者にとって子供の養育や家事に困難がつきまとうという事情自体に、日清戦争の前後で違いがなかったとすれば、伊平タケのこの歴史認識には、それをそのまま首肯しがたいところはある。とはいえ、ここにはやはり明治中期の瞽女の考え方の一面が反映していると思われる。「芸を一生懸命やった方がいい」というそれまでの近世の瞽女にとっての理想は、彼女たちに、家庭を維持する能力が不足した結果生じてきたわけではあるまい。それはむしろ、近世社会における差別的常識の流布と、それに対して、抵抗を試みた瞽女仲間の反応の結果であったと考えるのが妥当である。明治以降、国の為政者たちは、瞽女の芸能活動が公益にかなうものではないとの判断に立脚して、女性視障者に対しても、「子育て」を要請するに至ったのである。

それまでは、結婚を人生の選択肢として考えることもなかった越後瞽女にとって、家庭を持つことは新しい選択肢の一つであり、子供を育てながら按摩・針術あるいは音曲の稽古から収入を得るという可能性も、ここに初めて開かれたのであった。危険な旅を続け、慣れぬ他人の家に泊まり、深夜まで唄を歌い、苦労に見合わない報酬を受け取る生活とは別の可能性が生じたことにより、瞽女の生活と芸能を捨てる女性視障者たちは後を絶たなかった。

しかし、この新しい生活も決して期待したほど安穏なものではなかった。仲間の束縛を解かれた彼女たちを待っていたのは、家族、共同体、社会などからの、それまで以上の束縛であった。相次いで師匠から独立し、稼業を放棄してゆく弟子たちを見て、杉本キクエは、次のように明言している。「ただ出てしまうからいいことないんだわね、と私のうちじゃ話ていますの。みんなそうですの。出た子供の運のいい子供はない」（鈴木昭英「聞き書き　高田瞽女——その二」）。

明治以降の衰退

時代は、やがて大正から昭和へと移り、蓄音器が急速に普及し、マスメディアが全国的規模に展開されていった。主に東京で作られた「ヒット曲」は瞬時に北海道から九州まで広がり、その中で瞽女唄はしだいに「古い唄」として認識されるようになった。ただ、電波がとどかず娯楽の乏しい僻地と寒村において、瞽女は依然として歓迎された。

昭和四、五年(一九二九、三〇)の大恐慌は、衰微する瞽女稼業にとっては、泣き面に蜂であった。絹糸の値段の下落、豊作と台湾などからの輸入による米価の低迷は、小規模農家の生活基盤を侵食してゆき、結果として瞽女の生業の経済基盤は益々もろくなっていった。小林生《しげる》は、昭和十年(一九三五)頃、新潟県中蒲原郡横越村の温泉で按摩をしていた元瞽女の大倉シマの話を記録している。それによればシマは、肝心な収入についての質問に対し、次のように答えている。

今は昔の半分でしょうね。昔、世の中の宜しい頃、私たちの出ていた頃には年二度出てそれだけで生計を立ててまだ二三百円位はきっと残りました。で、古い人たちはたいていだれも二千円位の貯金はしていますよ。私どもでも沢山金を持って歩くととんだ悪戯をする人がありますので、二十円以上になるとどこでも構わず郵便局へ貯金をして帰ってからまとめたものです。それでも不意の入金でもあって二組も三組も落合ったりすると温泉場などよく遊びました。今の人は口過ぎをするだけでも宜しいと言って出ますが、いかに不景気だと言ってもまさかそればかりではありませんよ、元手を掛けて唄を習ってそれで出るのが証拠です。

（小林生「或るゴゼ（盲女）の生活誌」）

藤原勉の昭和十二年（一九三七）の報告によれば、長岡はその二、三十年前までは四百人くらいの瞽女を擁していたが、報告当時には百人ほどまでに減ってしまい、その後瞽女人口は下げ止まらなかったという。また高田では、明治三十四年（一九〇一）の規約書では八十九名の署名者が見られたのに、大正十一年（一九二二）にはその数は四十四人まで半減し、十六、七軒あった瞽女の家は、戦前には十軒まで減り、戦後には杉本キクエ、杉本シズ、難波コトミの一軒のみとなった。

江戸時代、上州では高崎、桐生、広沢、伊勢崎、館林、前橋、板倉など各地に瞽女数人からなる集団が点在したが、明治以降そのいずれの仲間も消息を絶ってしまう。しかし、個人としての瞽女は後々まで細々とではあるが活躍を続けていた。埼玉県も同様であった。

飯田では天保頃（一八三〇年代）に二つの長屋が瞽女のために建てられ、天保二年（一八三一）瞽女仲間八組を擁していた。それが明治二十三年（一八九〇）には六組となり、明治三十九年（一九〇六）には五組まで減じた。そして大正八～十年（一九一九～二一）の間、長屋は飯田市羽根垣外《はねがいと》の地に移転され、昭和四十七年（一九七二）まで存続した。しかし、その後は、飯田最後の瞽女として伊藤フサエが残るのみとなった。

飯田から遠くない岐阜県の現在の恵那市長島町久須見《おさしまくすみ》には昭和五十年（一九七五）まで「ゴジョ屋敷」と称する中二階のある二十五坪程度の農家風の家があり、戦後まで「つる能」と「みや乃」の二人の瞽女が住んでいたという。しかし、久須見瞽女の最後の巡業は昭和十五年（一九四〇）頃のことであったようである。

沼津でも、瞽女の数は維新後に急減した。明治二年（一八六九）の人口調査では七十二人が数えられたが、明治九年（一八七六）には四十九人（うち師匠格十六人）、明治二十年（一八八七）六月には十七人となった。

都会に流入した瞽女も、きわめて困難な生活を強いられたようである。明治二十九年（一八九六）十月、『時事新報』に連載された「東京の貧民」と題された記事の筆者は、大都会で瞽女に出会った際、「お前達は昔しは座頭派で瞽女の坊といって、三味線を袋に入れて在方へ行くと、昼は稼取りて、日の入ってからは村役人か名主附きで泊り込んだものだ。其頃はめくらに工面の悪い者は一人も無かったに、今日では芸人だか乞食だか訳けが分らなくなって仕舞ったなあ」と嘆息をもらしている。

福岡県でも明治初年までは瞽女の賄い代を公費で負担する慣習が見られ、鹿児島などでも瞽女が活躍していた。しかし戦後には九州の瞽女も激減し、瞽女唄の録音もほとんど残っていない。

録音と「自由」の喪失

このように衰退の時代に入った瞽女たちは、古い唄の演奏に固執していたわけではない。むしろ彼女たちは、必死に新曲をレパートリーに取り込み、生き残りをかけた活動を繰り広げていたといえる。当時長岡系瞽女の土田ミスが録音した唄の目録に目を通せば、演歌作詞家として有名な添田唖《あ》蟬坊《ぜんぼう》が日露戦争下に作詞し、明治三十八年（一九〇五）末から翌年にかけて大流行した「ラッパ節」、昭和八年（一九三三）小唄勝太郎《かつたろう》（女性、本名眞野かつ）と三島一声がレコードに吹き込み爆発的に売れた西條八十作詞・中山晋平作曲「東京音頭」、島根民謡で戦前に大はやりの「安来節」など、人気の高かった曲も多数歌唱されていたことが窺われる。より保守的といわれている高田瞽女の杉本キクエでさえ、元芸妓の藤本二三吉《ふみきち》（明治三十年＝一八九七生、本名藤本婦美）がはやらせた「新磯節」（ニットーレコード）、中村八斗作詞・中山晋平作曲で小唄勝太郎と三島一声が歌った「スキー音頭」（ビクター、昭和十一年＝一九三六）などを録音している。

ところが、瞽女たちがこのような曲を習い収録したにもかかわらず、元のレコードに慣れ親しんだ耳を持つ聴衆にとって、彼女たちの演奏は物足りなく感じられたようである。
それは不思議なことではなかった。小唄勝太郎らの「東京音頭」では木琴、クラリネット、フルート、チューバ、太鼓その他のパーカッションを含む豪華なアンサンブルが伴奏をつとめ、合唱団が「ヨイヨイ」の掛け声で雰囲気を盛り上げている。明治三十七年(一九〇四)新潟県沼《ぬっ》垂町《たりまち》(現・新潟市)の生まれの小唄勝太郎の旋律と較べれば、長岡系瞽女の録音は、導入部のフレーズ以外には解放弦の低音と主旋律をなぞる三味線伴奏で間に合わせ、その歌声も装飾音の少ない地味なものであった(譜例終-1)。

ハァ　踊り踊るなら　チョイト
東京音頭　ヨイヨイ
花の都の　花の都の真ん中で　サテ
ヤットナ　ソレ　ヨイヨイヨイ
ヤットナ　ソレ　ヨイヨイヨイ

譜例終-1 「東京音頭」(抜粋). 唄と三味線：土田ミス.

当時の聴衆にとってと同じく、おそらく瞽女にとっても、レコード化された歌はいわば「正調」として受け止められ、瞽女はそこに録音された音をできる限り忠実に再現することに腐心したのであろう。

レコードの演奏に近いということが、「本格」の基準とされ、この化石のようなメロディーをなぞることによって、瞽女唄が本来持っていたはずの口頭伝承による自由さは、影を潜める結果となってしまったのである。

埼玉県の瞽女も、明治の流行歌を取り入れることで、聴衆の希望に応えようとした。大曽根東(現・埼玉県八潮市大曽根)で八月十三日から催された八幡神社の祭礼に訪れた瞽女は「さのさ」や「相撲甚句」などを歌い、とりわけ「相撲甚句」は若い衆の人気を集めたようである。農閑期に現在の越谷市域の村々を訪問した瞽女も「さのさ」や「よかよか」(栃木節)などを歌っている。

埼玉県出身の榎本フジも「千住節」「越後甚句」「飴売り唄」「高砂ソーダヨ」「上総甚句」「七色広大寺」など、明治初期に高い人気を誇った唄も歌っていた。そのうちの酒盛り唄「千住節」を、榎本フジは「瞽女節」と呼んでいるが、実のところそれももともとは瞽女に直接関係のない唄であった。奥州街道の起点である千住(現・足立区の北千住)は、荒川に通じて川越・

熊谷方面から材木や米を運ぶ舟運の開けた交通の要衝で、品川、新宿、板橋とともに江戸の四宿と称され、それぞれ色街で賑わっていたことでも知られる。

哀調を帯びた「二上り甚句」調の騒ぎ唄であった「千住節」は、そうした千住での酒席を楽しむ通客たちによって歌われた曲であった。酔客たちが茶屋遊びの行き帰りに鼻唄まじりに歌ったことから、いつしかテンポの緩やかな唄となり、明治初年から中期にかけて、成田方面を中心に盛行し、大正時代まで、東京と川越を行き来した「川越夜船」で船頭たちにも歌われてきたという。

榎本フジが歌った「千住節」は、そのような七七七五調の千住通いの唄ではなく、エロチックな含みに富む「餅づくし」の歌詞を持つ曲であった(□は不明の部分)。調べは途中から反復的となるが、冒頭の部分は長い通作歌曲形式(歌詞が進むごとに新たな旋律がつけ加わり、反復しない形式)の要素を見せている(次頁、譜例終-2)。

アーエー、アーエー、私やエよー
アー、お前と添うことならばよ
アーエー、まずおちつきのふた文字

譜例終-2 「千住節」(冒頭の部分). 唄と三味線(二上り):榎本フジ. 実音は減5度下.

初めて五つの文字が縁となる
いばりついたよ、二人の仲を色よきお顔が桜餅
こんな成仏の大福餅というたら
お前がどの世にも(アーホラ)
アー、ひきん□□ワラビ餅どんな恥をかき餅と
餡菱餅なればとて、団子のようにひめ転がし
安倍川餅ではなけれども、ほかに新香が擬したとて
いま抱かしてなんとしよう、私はじょうな自在餅
勝手次第の餅あそび、無理になんぞへ引きずり餅を
互いにくるまう柏餅、足はそろそろからみ餅
心はやわやわたらし餅、口はびちゃびちゃすいこ餅
これから私も焼き餅よ、焼かなきゃならぬと括り出し
夜にゃ饅頭の角をだし、よい気持ちとなるからにゃ
わたしゃお前に栗餅よ、ちんちんた□も雑煮餅
さてもよ、さても

アー、ながつ□ような餅づくしだ
すたこりゃやれどこ
エー、ちょいとなえ
ありゃ旦那、こりゃこちの人、きついお迎えな

歌い手が高齢であったためでもあろうか、譜例終-2では、音高の不鮮明な個所が多く、採譜に苦労した。とはいえ、唄の構造はしっかりと捉えることができる。現役時代に録音されていたならば、いっそうの魅力があったに違いない。

ところが、「東京音頭」と違って、このような唄は昭和に入ると急速に廃れてゆくことになる。それはいったいなぜであろうか。本書の結びとして、以下この問題について若干の考察を加えてみたい。

近世の唄とモダンな唄

まず、近世音楽のいくつかの要素が豊かに表現されている「千住節」と、近代的な音楽産業の産物である「東京音頭」の音楽的特徴を簡単に比較してみよう。

「千住節」は長さが同一でないフレーズとあいまいなリズムを特徴としているのに対し、「東京音頭」は「縦ノリ」とも呼ばれる二拍子の単純明快な構造を持つ唄である。曲の規模は、譜例終-2に採譜した「千住節」の冒頭の部分だけでも「東京音頭」の全曲とほぼ同じ長さである。「千住節」の三味線伴奏は唄の旋律を補強したり際立たせたりしており、歌声に敏感に反応しながら強弱と音色を調整している。「東京音頭」はすでに紹介した長岡系瞽女の門付け唄(譜例序-3)と同じく、しつこくビートを強調し、歌声の旋律をなぞるにとどまっている。端的にいえば、「東京音頭」はすぐに「消費」できる唄であるのに対し、「千住節」はかなりの努力を聴衆に要求し、これを充分に理解するためには少なくとも数回は繰り返し聴かなければならない。

二つの曲の間には、歴史的成立・受容過程についても差が認められる。「千住節」のように近世に長く人気が高かった唄が、ある時点を境ににわかに消息をたってしまうことはまれであった。そのような唄の場合、たとえ流行が終わった後でも、その旋律は少々変唱されたり、替え唄をのせたりといった仕方で、元の素材が再利用される場合が少なくなかった。例えば、越後瞽女唄の「新保広大寺」は「細か大寺」となり、瞽女唄の門付け唄の「こうといな」となり、「殿さ節」となり、あるいは瞽女の「くどき」となった。「松坂節」も「祭文松坂」の素材とされたことが思い起こされる。流行った唄をただ捨て去り、忘れ去ることが、もったいないと感じられたのであろうか、民衆は一度広く愛した旋律を一朝にして「廃棄」することを躊躇したかに見える。

一方、「東京音頭」のような曲は、このように「再利用」されることは稀であった。二十世紀以降、「音楽産業」の勃興とともに、この産業に携わる関係者のうちに、安く「生産」され、素早く「消費」され、そして難なく「廃棄」される新曲の大量生産が莫大な利益を生むことに、目をつけたものが現れた。「東京音頭」は一瞬にして作曲・作詞され、安い賃金で雇われたスタジオ・ミュージシャンによって演奏・録音された。その機械的なリズムは、軍歌に馴染んでいた人々にすんなりと受け入れられた。そして少し時間が経つと、それに飽きた聴き手はさらに新しい唄を求めて移ろってゆく。こうして「モダン」な曲の「消費」と「廃棄」が繰り返される間に、「千住節」が特徴とした柔軟な拍感と不規則的なフレーズは「難しい」と感じられるようになり、しだいに「時代遅れ」と見なされてゆく。

歌詞についても、「千住節」と「東京音頭」はいちじるしい対照を示している。「東京音頭」の短い歌詞は、端的にモダンな大都会を美化しているのに対し、「千住節」はむしろくだくだしい言葉遊びと滑稽さで勝負している。「東京音頭」が、近代の広告の煽り文句を思い起こさせるとすれば、「千住節」は江戸時代の瓦版の文句を偲ばせる。

こうして音楽的特徴、成立史、歌詞のそれぞれを比較するならば、これら二つの唄には、二つの相容れない経済的、社会的、文化的システムの影響が強く反映していることが明らかとなってくる。

唄の盛衰と近代社会

「千住節」は近世から明治期まで、時間をかけて口頭で人から人へと伝承され、その音楽的形式、旋律の詳細、詞型、伴奏法などは絶えず様々な新展開をみせ、ついには榎本フジが歌ったような唄へと変成していった。

他方、「東京音頭」は特定の作詞家、作曲家、編曲者の作品としてレコードとなり、流行により普及する過程を経て、なお変わることはない。このようにパッケージとして商品化された文化は、演奏者よりはむしろ制作会社に、多大の商益をもたらしたのである。ヒットの連発を狙わず、私利私欲も追わない会社は、競争相手に勝つことができないとすれば、生き残るためには、分かりやすく消費しやすい商品を売る以外に方法はなかった。

「千住節」を捨て「東京音頭」に傾倒し、単なる消費者となった聴き手の多くはこうした音楽の「近代化」を歓迎し、そこに文化の進歩を見たのである。たしかに、そこには進歩的な一面があったことは間違いない。しかし、このような進歩によって、音楽文化に潜在する芸術的可能性も、つられて発展したわけでは決してない。「東京音頭」が流行する代償として、「千住節」のような特色を帯びた歌謡に含まれていたはずの潜在的な音楽的・文学的可能性は、蔑ろにされてしまった。商業的な音楽産業が頻発した「分かりやすい」ヒット曲に馴れた聴き手は、その一、二世代前の音楽を「分かりにくい」「時代に合わない」と感じるようになり、そうした音楽に対する需要が激減することによって、その展開はさらに滞ることとなった。

なぜそうならざるを得なかったのであろうか。この疑問に答えるためには、我々は単なる音楽的・文学的要素の次元を超えなければならない。

「千住節」が代表する様式が、明治までは流行していたことを考えるならば、その音楽的・文学的要素が、民衆にとって過度に複雑では決してなかったことが窺えよう。古い唄が良質でない、面白くないという判断は、その時々の聴衆の唄に対する感覚と評価基準を示してはいるかもしれない。しかし、「千住節」の衰退と「東京音頭」の隆盛の原因を、それによってのみ説明することはできない。

そこでは、聴衆の感覚と評価基準がなぜ変わったのか、が問われなければならないのである。唄を聴く人々は、ある日突然に自主的な意識改革を遂げ、「東京音頭」を求めたわけではない。むしろ二十世紀に入ってからは、日本の音楽産業、広告会社、マスメディアが、こぞって近代的に商品化された文化を生産、販売、宣伝、普及することによって利益を得ることを企図してきたのである。くわえて政府機関もそうした「近代化」を陰に陽に推奨してきたのである。

近代的な音楽産業にとっては、それまで長期にわたり唄を磨きあげた瞽女たちの努力などは、すでに必要なものでも役に立つものでもない。そこで求められていたのは、四半期ごとの増益を保証する音楽商品にほかならない。

瞽女唄が問うもの

瞽女唄は、我々に「はたしてそれでいいのか」という大きな問いを投げかけている。この問いに充分に応えるためには、我々はふだん当然視している自らの立場を根本から見直さなければならない。

我々が今検討すべきは、瞽女唄に残された面白さと楽しみをどのように「搾り取るか」でも、それをどのように今の社会状況の中で「生かし、利用すべきか」でもない。そうではなく、我々は逆に、瞽女唄が我々から何を求め、我々にどのように挑戦しているのかを考えなければならないのである。このように立場を転ずることにより、瞽女唄が現在（たとえ市場に競争力がないにもかかわらず）有している価値が見えてくるであろう。またこのように立場を転ずることにより、瞽女唄に、過去を復元するための材料の提供という役割を背負わせたり、文化の空虚な未来像を押しつけたりすることなく、瞽女唄が内包する批判力を解放できるのである。その時はじめて瞽女唄は、我々と我々の社会への自己反省を促す力をもって、ふたたび立ち現れてくるのであろう。

瞽女は意識しなかったかもしれないが、彼女たちの唄は、我々に問いかけている。なぜ、音楽市場から、あのように長い物語を展開する唄は消えてしまったのかと。肉体的には江戸時代の人々と変わらぬ集中力を持っていても不思議ではない現代人にとってなぜヒット曲の大半は、三分程度で終わるのであろうか。なぜ、ポップスは機械的なビートに終始しているのであろうか。柔軟なリズム感は、いったいどこに行ってしまったのであろうか。細かい装飾音の多い旋律を、なぜ聴衆（消費者）は要求しなくなったのであろうか。それを要求しなくなったのだとすれば、瞽女唄を好まない聴衆の嗜好は一体どのように発生し、どのように操作され、どれほど制限されてきたのであろうか。聴衆が無言のままに甘受している、こうした音楽の諸限界は、誰のいかなる利益となっているのであろうか。かくして瞽女唄は、枚挙に暇がないほどに多様でかつ痛烈な批判の矛先を、現代社会の我々に向けているのである。

これら諸問題の多くは、むろん唄や音楽に限られた次元では解決できないであろう。しかし、文化は文化なりの力を持っていることも、また否定できまい。かつてアポロの石像の前に立ったリルケは、この美術品から「君は人生を変えなければならない」というメッセージを読み取ったと詩に表明している(『新詩集』)。我々もまた、瞽女唄に同じ態度で向き合い、リルケが一個人としてアポロ像から得たこの示唆を、我々を含む現代社会全体にまで及ぼさなければならない。

瞽女唄を保存し、演奏し、テレビで放送し、資料を博物館で展示し、言葉でその面白さを宣伝することは、場合によっては大きな意味を持ちうるかもしれない。しかし、それだけでは決定的に不充分である。なぜなら、これらの保存、演奏、放送、展示、宣伝などといった活動は、すべて瞽女唄を絶滅の淵に追いやったのと同じ社会に由来する組織的な営みにほかならないからである。

問題は、これらの社会的営為と生きた文化との間に潜む矛盾にある。この矛盾を根本的に問い直し、変えてゆくことによって、はじめて現代人にふさわしい瞽女唄の意味が、かすかに聴こえてくるであろう。

後書き

一九八五年にはじめて来日した際、二年間ほど東京の小石川に住んでいた。神保町に近かったので古本漁りに足しげく通ったが、まずは五百円で『広辞苑』を入手した。そのすぐ後にたまたま見つけた、興味深そうな二冊を百円ずつで購入した。一冊目は丸山真男の『日本の思想』(一九六一年刊)で、もう一冊は浅野建二の『日本の民謡』(一九六六年刊)であった。偶然かもしれないが、両冊とも岩波新書である。

そして来る日も来る日も『広辞苑』をめくりながら、この両冊の読破に取り組んだものである。丸山本では議論の複雑な構造と『広辞苑』には掲載されていない専門用語、浅野本では読み方不明の地名と意味不明な方言、それに歌詞の曖昧な表現に四苦八苦した。しかし、努力が次第に実を結び、丸山本からはとくに個別の文化的現象をその社会的、経済的、政治的背景との関係を通して探る重要性を学びとり、浅野本からは一見歴史を欠いた文化的産物である民謡にも必ず歴史的形成過程が潜んでいることを強く印象付けられた。この文化の「縦」と「横」

の次元は、私の研究の主な対象であった近世日本の芸能にもぴったりと合致していた。

瞽女唄を主題とする本書においても、この二つの異なる次元がその議論の大枠をなしている。他の音楽と同様、瞽女唄の鑑賞もいつも何らかの社会的文脈の中で行われている。そしてその文脈は絶えず変化しており、経済的、社会的、政治的諸力によって左右されている。もちろん、唄を聴く瞬間にはこの社会的環境を意識する必要はなく、反省の対象とする必要もない。しかし、たとえ直接に意識はされなくとも、演奏者と聴衆の唄に対する感覚、期待、評価基準などは、この社会的環境によって形成されている。全く不慣れな音楽に感動を覚えることは非常に困難であり、社会的文脈と文化的背景が不明なままにある歌詞の意味を把握することもまた容易でないという事実は、その傍証の一つとなっている。

現在、瞽女唄を育んだ社会は我々から急速に遠のいている。したがって瞽女唄の理解も次第に経験と馴れに任せきれなくなってきている。「唄を聴くという経験」と、それによって「感動すること」は、常に鑑賞の出発点と到着点であっても、その「経験」が「感動」までの道程を自動的に示してくれるわけではない。そこに到るためには、我々は瞽女唄が成立、展開、発展、衰微した過程を見つめなおし、それがどのような社会的環境に生まれ、いかなる演奏基準を前提としていたのか、どのような期待と感覚に応えていたのかという問題を再検討しなければならない。私はそうした立場から、一種の「道中案内」として本書を執筆したつもりである。

この試みの機会を与えてくださったのは岩波書店編集部の十時由紀子氏であった。初めてお目にかかり、企画の説明を承ったときにとくに嬉しかったのは、妙な言い方になるが、いくつかのことを氏が私から期待しないでいてくれることであった。というのも、それ以前には、原稿や講演などを依頼されるたびに「なぜ外国人が瞽女唄に興味を抱くのか」を説明するよう求められるのが常であったからである。しかし、三十年前にある図書館に置かれた瞽女唄のレコードに出会ったことに始まり、以後一介の鑑賞者、研究者として一歩一歩瞽女唄と取り組んできた私にとって、「外国人と瞽女唄の出会い」といったテーマを面白おかしく展開することは、とうていできることではなかったのである。十時氏ははじめから、ありもしない「外国人の立場」から見た瞽女唄の解説などは望まれなかった。また、氏は「西洋音楽一辺倒の日本人は昔の文化の良さを忘れている」といったマスメディアで繰り返し強調される紋切り型のメッセージを世に送るよう、私に要請することもなかった。日本人がバッハやショパンを研究し、西洋音楽史の授業を受け持つことに、何ら違和感がなくなった今日でも、なぜか日本では、外国人による日本音楽の研究にはなにか特別の理由と特別の自己弁護を求めるきらいが、なお広く存在しているように思われる。むろん私にはそれに応じるつもりは毛頭なかったにせよ、十時氏が求めている本は、そのようなものではないといわれたときには、心底ほっとしたものである。こうして氏の励ましに支えられ、少しずつ新しい資料の発掘に取り掛かり、三年が経過した頃に執筆を開始し、ようやく本書を形にすることができた。氏には、感謝の言葉もない。

私にとって外国語としての日本語で文章を起こすことは、いつも困難である。今回もそうであったが、この困難な作業を進めるにあたっては、多くの先生、同僚、友人などに多大な助力を得た。拙文の添削には佐藤正幸、齋藤康彦、藤原嘉文、古矢旬の各氏に多くの時間を割いていただいた。相場浩一氏には四十年前に撮影された写真をご提供いただいた。市川信夫氏にも家蔵の貴重な写真の転載を許可していただいた。岩波書店の方々には、本当にお世話になった。心より御礼を申し上げる。そして妻小百合は、私の主張に二十年の長きにわたり根気よく耳を傾け、本書の校閲者として、その完成に大きく貢献してくれた。ここに記して感謝の意を表したい。

ジェラルド・グローマー

二〇一四年四月

参考文献

ここでは、瞽女と関連する芸能の主要文献をあげるにとどめた。各章で重複する文献は初出の章の項にのみ示した。このほかに、本書で紹介した地域の近世・近現代の県史や市町村史、『江戸町触集成』『徳川禁令考』『徳川実紀』『藤岡屋日記』などの近世史の基本文献、芸能・風俗に関しては『日本随筆大成』(吉川弘文館)、『日本庶民生活史料集成』『日本庶民文化史料集成』(三一書房)所収の史料を多く参照している。また、本文に出典が明記されていない引用文の多くは拙著『瞽女と瞽女唄の研究』の史料篇(名古屋大学出版会、二〇〇七年)に翻刻されているので、より関心のある読者は参照されたい。

序章

伊平タケ述『聞き書 越後の瞽女』鈴木昭英他編、講談社、一九七六年
岩瀬博編著『瞽女の語る昔話 杉本キクヱ媼昔話集』三弥井書店、一九七五年
桑山太市『新潟県民俗芸能誌』錦正社、一九七二年
斎藤真一『瞽女——盲目の旅芸人』日本放送出版協会、一九七二年
高橋竹山『自伝 津軽三味線ひとり旅』新書館、一九八三年
富川蝶子「〈わが家は瞽女宿だった〉桃割の鹿の子の手絡《てがら》も懐かしく」『会報 瞽女』四号、瞽女文化を顕彰

する会、二〇〇一年九月
水上勉『はなれ瞽女おりん』新潮社、一九七五年
水沢謙一『瞽女のごめんなんしょ昔――日本民話』講談社、一九七六年

第一章

『越後瞽女の唄』(解説書)、Columbia FZ7011-14、一九七五年
大島建彦「沼津の瞽女」『沼津市史研究』七号、一九九八年
奥平俊六『洛中洛外図 舟木本――町のにぎわいが聞こえる』小学館、二〇〇一年
桐生清次『次の世は虫になっても――最後の瞽女小林ハル口伝』柏樹社、一九八一年
鈴木昭英「聞き書き 高田瞽女――その二」『長岡市立博物館研究報告』三十二号、一九九七年
『東京都古文書集』第十四集、東京都教育庁生涯学習部文化課、一九九六年
三好一成「豆州三島宿瞽女仲間と足柄県の開化策」『大乗淑徳学園長谷川仏教文化研究所年報』第二十一巻、一九九七年
森本浩雅「甲府瞽女文書――幕末期の甲府瞽女の動向とその伝承について」『日本文学研究』四十八号、大東文化大学日本文学会、二〇〇九年

第二章

渥美かをる他編著『当道座・平家琵琶資料 奥村家蔵』大学堂書店、一九八四年

「越後国長岡領風俗問状答」『日本庶民生活史料集成』第九巻、三一書房、一九六九年
「宴遊日記」『日本庶民文化史料集成』第十三巻別巻一(芸能記録)、三一書房、一九七七年
松浦静山『甲子夜話』中村幸彦・中野三敏校訂、東洋文庫、平凡社、一九七七〜八三年
中村辛一編『高田藩制史研究』資料編(記録便覧)、風間書房、一九六七〜七一年
「淋敷座之慰」高野辰之編『日本歌謡集成』近世篇、第六巻、東京堂、一九四二年
「難波土産」『新群書類従』第六巻、国書刊行会、一九〇七年
「後はむかし物語」岩本活東子編『燕石十種』第一巻、中央公論社、一九七九年
「出羽国秋田領風俗問状答」『日本庶民生活史料集成』第九巻、三一書房、一九六九年
「徳川實紀」黒板勝美編『新訂増補 國史大系』第三十八巻、吉川弘文館、一九六四年
『長野県史』民俗編第二巻(三)、第四巻(三)、長野県史刊行会、一九八六〜八九年
『しかたなしの極楽』Nadja PA 6034-35、Trio Records(伊平タケの一九七三年の録音)
『摂陽奇観』第三巻、浪速叢書刊行会、一九二六年
「百戯述略」『新燕石十種』第四巻、中央公論社、一九八一年
「松の落葉」『日本歌謡集成』近世篇、第七巻、東京堂、一九二八年
太刀川喜右衛門「やせかまど」小千谷市教育委員会編『小千谷市史史料集』小千谷市、一九七二年

第三章

「大坂道修町町式目」原田伴彦他編『日本都市生活史料集成』第一巻(三都篇)、学習研究社、一九七七年

金子正宏『史料にみる「江戸時代沼田の庶民の暮らし」』上毛新聞社出版メディア局、二〇〇八年
金子正宏編著『沼田下之町名主御用日記留』全二冊、沼田郷土研究会、一九九〇、九六年
『新横須賀市史』資料編近世一、横須賀市、二〇〇七年
「俗耳鼓吹」『燕石十種』第三巻、中央公論社、一九七九年
『千葉県の歴史』資料編、近世Ⅰ(房総全域)、千葉県史料研究財団編、千葉県、二〇〇六年
「地方落穂集追加」滝本誠一編『日本経済叢書』第九巻、日本経済叢書刊行会、一九一五年
中村辛一『高田藩制史研究資料編』第五巻、風間書房、一九七〇年
『調布市史』民俗編、調布市市史編集委員会編、一九八八年
花木知子「府中宿に○△がやってきた！ ①浪人・山伏・座頭・虚無僧」『あるむぜお 府中市郷土の森博物館だより』九十二号、二〇一〇年六月
「日次紀事」『日本庶民生活史料集成』第二十三巻、三一書房、一九八一年
『博多津要録』全三冊、原田安信選、西日本文化協会、一九七五〜七八年
水野都沚生「瞽女聞き書」『伊那』三八〇号、一九六〇年
水野都沚生「続瞽女聞き書」『伊那』五五四号、一九七四年
『高橋家文書「御用留」』茂原市立木』第五集、茂原市教育委員会、一九九七年
吉積久年「徳山毛利家文庫「御蔵本日記」に見る座頭・瞽女」『山口県文書館研究紀要』三十七号、別冊、二〇一〇年三月
吉原敦子「〈わが家は瞽女宿だった〉村人は瞽女さの調べに陶酔」『会報 瞽女』五号、瞽女文化を顕彰する

会、二〇〇二年六月

第四章

小寺玉晁編「小歌志彙集」『近世文芸叢書』第十一巻、第一書房、一九七六年
川元祥一『旅芸人のフォークロア――門付芸「春駒」に日本文化の体系を読みとる』農山漁村文化協会、一九九八年
『越谷市史』第二巻(通史下)、越谷市編、一九七七年
佐久間惇一『瞽女(ごぜ)の民俗』岩崎美術社、一九八三年
「新ぱんごまんざへ」『日本近世歌謡資料集』リール二十六、雄松堂フィルム出版、一九九二年
鈴木昭英「越後瞽女組織拾遺」『長岡市立科学博物館研究報告』九号、一九七四年
鈴木昭英「長岡瞽女唄集」『長岡市立科学博物館研究報告』十四号、一九七九年
竹内勉『じょんがらと越後瞽女』本阿弥書店、二〇〇二年
斎藤月岑『東都歳事記』全三冊、朝倉治彦校注、東洋文庫、平凡社、一九七〇〜七二年
太宰春台「独語」『日本随筆大成』第十七巻、吉川弘文館、一九七五年
『東寺尾村飴屋兵助女子一件』信濃国松代真田家文書、国文学研究資料館史料館蔵
深沢七郎『盲滅法――深沢七郎対談集』創樹社、一九七一年
藤田徳太郎編『近代歌謡集』博文館、一九二九年
藤森成吉「瞽女を聴く」『太陽』三十二巻一号(特集 現代思想界の色彩)、一九二六年

『富士吉田市史』民俗編、第二巻、富士吉田市史編さん委員会編、一九九六年
三村清三郎「寛政己未松洲原简越後だより」『書苑』六巻十号、一九四二年
『無形文化財　越後高田瞽女唄』キングレコード KHA 1008-10、一九七八年

第五章

阿部真貴「資料　江口家所蔵瞽女資料①「おもゑくどき」」『昔話伝説研究』二十六号、二〇〇六年
阿部真貴「絶えゆくものの研究――「女川飯田口説」を中心に」『口承文藝研究』第三十巻、二〇〇七年
板垣俊一『越後瞽女唄集』三弥井書店、二〇〇九年
江木定男「潮来の瞽女」(「風俗閑話」)『風俗画報』四六八号、一九一五年
大山真人『わたしは瞽女――杉本キクエ口伝』音楽之友社、一九七七年
『兼常清佐著作集』第十五巻(書簡集)、大空社、二〇一〇年
桑山太市「唄本の出版元」『高志路』通巻二〇六号(八月)、一九六五年
CD『瞽女うた　長岡瞽女篇』オフノート ON-38、一九九九年
CD『瞽女うたII　高田瞽女篇』オフノート ON-39、一九九九年
斎藤真一『越後瞽女日記』河出書房新社、一九八〇年
鈴木昭英「瞽女の歌本」『長岡郷土史』十一号、一九七二年
鈴木昭英「刈羽瞽女」『長岡市立科学博物館研究報告』八号、一九七三年
斎藤月岑『声曲類纂』藤田徳太郎校訂、岩波文庫、一九四一年

『新潟県の民謡　新潟県民謡緊急調査報告書』新潟県教育委員会編、一九八六年
『富山県の民謡　富山県民謡緊急調査報告書』富山県教育委員会編、一九八五年
西田耕三編『「女川飯田口説」考』(宮城地域史学文庫七集)、宮城地域史学協議会、一九九四年
藤原勉「祭文松坂の研究」『仙台郷土』七巻二号、一九三七年
横山旭三郎編『くどき歌』加茂市立図書館、一九六九年

終　章

『京都町触集成』全十五冊、京都町触研究会編、岩波書店、一九八三〜八九年
小林生「或るゴゼ(盲女)の生活誌」『高志路』一巻六号、一九三五年六月
『静岡県史』資料編第十六、近現代一、静岡県、一九八九年
『明治初期被差別部落　史料集』部落解放研究所、一九八六〜九〇年
「高田のごぜ」『高田市文化財調査報告書第二集』高田市文化財調査委員会、一九五九年
『東京市史稿』市街篇、東京都、一九六三年
「東京の貧民」林英夫編『近代民衆の記録4　流民』新人物往来社、一九七一年
中野聡「高田盲学校創立者・大森隆碩(二)」『頸城文化』五十四号、上越郷土文化研究会編、二〇〇六年
『法令全書』内閣官報局、一八八七年〜
村井雨村「瞽女町」谷川健一編『近代民衆の記録3　娼婦』新人物往来社、一九七一年
『八潮の民俗資料』一〜三(八潮市史調査報告書)、八潮市、一九八〇〜八三年

永井新『柳川藩史料集』柳川・山門・三池教育会編、青潮社、一九八一年
ラフカディオ・ハーン『心――日本の内面生活の暗示と影響』平井呈一訳、岩波文庫、一九七七年

図版・写真出典一覧

序章

章扉　一九七〇年前後、相場浩一撮影、筆者蔵
図序-1　一九三九年一月、濱谷浩撮影、市川信夫蔵

第一章

章扉　「七十一番歌合」『日本庶民生活史料集成』第三十巻、三一書房、一九八二年
図1-1　「天狗草紙」小松茂美編『続日本絵巻大成』十九、中央公論社、一九八四年
図1-2　「西行物語絵巻」『日本絵巻物全集』第十一巻、角川書店、一九五八年
図1-3　『人倫訓蒙図彙』朝倉治彦校注、平凡社、一九九〇年
図1-4　「百人女郎品定」黒川真道編『江戸風俗図絵』岩崎美術社、一九九三年
図1-5　東京国立博物館監修『洛中洛外図屛風舟木本』東京美術、二〇一〇年
図1-6　「和国百女」『江戸風俗図絵』前掲書
図1-7　『江戸名所図会』有朋堂書店、一九一七年
図1-8　「妙音講」一九三三年五月十三日、市川信次撮影、市川信夫蔵
図1-9　「瞽女縁起」一九三九年一月、濱谷浩撮影、市川信夫蔵

第二章

章　扉　歌川国芳画『当世流行見立』筆者蔵
図2-1　初代歌川広重画「東海道五十三次細見図会　大磯　小田原江四里」静岡市東海道広重美術館蔵
図2-2　「絵本御伽品鏡」『日本庶民生活史料集成』前掲書
図2-3　「筠庭雑考」『日本随筆大成』第二期八巻、吉川弘文館、一九七四年
図2-4　『人倫訓蒙図彙』前掲書
図2-5　「今様職人尽歌合」『日本庶民生活史料集成』前掲書

第三章

章　扉　一九七〇年前後、相場浩一撮影、筆者蔵
図3-1　『金草鞋』成田山仏教図書館蔵
図3-2　一九七〇年前後、相場浩一撮影、筆者蔵

第四章

章　扉　一九七〇年前後、相場浩一撮影、筆者蔵
図4-1　『東都歳事記』朝倉治彦校注、平凡社、一九七〇～七二年
図4-2　『初春三河万ざい』筆者蔵

図4-3　丸山廣蔵版「新ぱんごまんざへ」『日本近世歌謡資料集』リール二十六、雄松堂フィルム出版、一九九二年

第五章

章　扉　一九七〇年前後、相場浩一撮影、筆者蔵
図5-1　『越後蒲原郡赤田村しんぢうもんくやんれいぶし』筆者蔵

終　章

章　扉　一九七〇年前後、相場浩一撮影、筆者蔵

本書で紹介した様々な瞽女唄の演奏例を、岩波書店のホームページで紹介する。

http://www.iwanami.co.jp/moreinfo/4314850/

1　高田瞽女、杉本キクイ(キクエ)・杉本シズ・難波コトミによる「門付け唄　かわいがらんせ」(昭和四十四年八月、東京国立劇場演唱会の録音)より

2　長岡瞽女、加藤イサ・金子セキ・中静ミサオによる「門付け唄　岩室」(昭和四十二年二月二十三日録音、長岡市立中央図書館蔵)より

3　高田瞽女、杉本キクイ(キクエ)・杉本シズ・難波コトミによる「三河万歳」(昭和四十年四月録音)より

4　長岡瞽女、山本ゴイ(山本マス)による「祭文松坂　佐倉宗五郎」(昭和三十三年四月十三日録音、長岡市立中央図書館蔵)より

5　高田瞽女、杉本キクイ(キクエ)・杉本シズ・難波コトミによる「松前口説」(昭和二十九年八月六日、新潟大学高田分校芸能学科録音)より

なお、これらをふくむ越後瞽女の演奏の比較的入手しやすいCDに、『瞽女うた　長岡瞽女篇』『瞽女うたⅡ　高田瞽女篇』(いずれもオフノート、参考文献参照)などがある。

ジェラルド・グローマー

1957年アメリカ合衆国生まれ(国籍はオーストリアと米国). ジョンズ・ホプキンス大学ピーボディ音楽院博士課程修了, 音楽博士(ピアノ). 東京芸術大学大学院音楽研究科博士課程修了, 芸術博士(音楽学).
現在—山梨大学大学院教育学研究科教授
専攻—音楽学・芸能史
著書—『The Spirit of Tsugaru: Blind Musicians, Tsugaru-jamisen and the Folk Music of Northern Japan』(津軽書房, 2012年), 『瞽女と瞽女唄の研究』(名古屋大学出版会, 2007年), 『幕末のはやり唄——口説節と都々逸節の新研究』(名著出版, 1995年)ほか

瞽女《ごぜ》うた　岩波新書(新赤版)1485

2014年5月20日　第1刷発行

著　者　ジェラルド・グローマー

発行者　岡本　厚

発行所　株式会社 岩波書店
〒101-8002 東京都千代田区一ツ橋 2-5-5
案内 03-5210-4000　販売部 03-5210-4111
http://www.iwanami.co.jp/

新書編集部 03-5210-4054
http://www.iwanamishinsho.com/

印刷・三陽社　カバー・半七印刷　製本・中永製本

ISBN 978-4-00-431485-1　Printed in Japan

JASRAC 出 1404926-401

岩波新書新赤版一〇〇〇点に際して

ひとつの時代が終わったと言われて久しい。だが、その先にいかなる時代を展望するのか、私たちはその輪郭すら描きえていない。二〇世紀から持ち越した課題の多くは、未だ解決の緒を見つけることのできないままであり、二一世紀が新たに招きよせた問題も少なくない。グローバル資本主義の浸透、憎悪の連鎖、暴力の応酬――世界は混沌として深い不安の只中にある。

現代社会においては変化が常態となり、速さと新しさに絶対的な価値が与えられた。消費社会の深化と情報技術の革命は、種々の境界を無くし、人々の生活やコミュニケーションの様式を根底から変容させてきた。ライフスタイルは多様化し、一面では個人の生き方をそれぞれが選びとる時代が始まっている。同時に、新たな格差が生まれ、様々な次元での亀裂や分断が深まっている。社会や歴史に対する意識が揺らぎ、普遍的な理念に対する根本的な懐疑や、現実を変えることへの無力感がひそかに根を張りつつある。そして生きることに誰もが困難を覚える時代が到来している。

しかし、日常生活のそれぞれの場で、自由と民主主義を獲得し実践することを通じて、私たち自身がそうした閉塞を乗り超え、希望の時代の幕開けを告げてゆくことは不可能ではあるまい。そのために、いま求められていること――それは、個と個の間で開かれた対話を積み重ねながら、人間らしく生きることの条件について一人ひとりが粘り強く思考することではないか。その営みの糧となるものが、教養に外ならないと私たちは考える。歴史とは何か、よく生きるとはいかなることか、世界そして人間はどこへ向かうべきなのか――こうした根源的な問いとの格闘が、文化と知の厚みを作り出し、個人と社会を支える基盤としての教養となった。まさにそのような教養への道案内こそ、岩波新書が創刊以来、追求してきたことである。

岩波新書は、日中戦争下の一九三八年一一月に赤版として創刊された。創刊の辞は、道義の精神に則らない日本の行動を憂慮し、批判的精神と良心的行動の欠如を戒めつつ、現代人の現代的教養を刊行の目的とする、と謳っている。以後、青版、黄版、新赤版と装いを改めながら、合計二五〇〇点余りを世に問うてきた。そして、いままた新赤版が一〇〇〇点を迎えたのを機に、人間の理性と良心への信頼を再確認し、それに裏打ちされた文化を培っていく決意を込めて、新しい装丁のもとに再出発したいと思う。一冊一冊から吹き出す新風が一人でも多くの読者の許に届くこと、そして希望ある時代への想像力を豊かにかき立てることを切に願う。

（二〇〇六年四月）

芸術

ラジオのこちら側で　ピーター・バラカン
小さな建築　隈　研吾
デスマスク　岡田温司
コルトレーン　ジャズの殉教者　藤岡靖洋
雅楽を聴く　寺内直子
歌謡曲　高　護
『七人の侍』と現代　四方田犬彦
四コマ漫画　清水　勲
漫画の歴史　清水　勲
琵琶法師　兵藤裕己
日本庭園　小野健吉
歌舞伎の愉しみ方　山川静夫
自然な建築　隈　研吾
シェイクスピアのたくらみ　喜志哲雄
演出家の仕事　栗山民也
肖像写真　多木浩二

世界の音を訪ねる　久保田麻琴
Jポップとは何か　烏賀陽弘道
宝塚というユートピア　川崎賢子
瀧廉太郎　海老澤敏
東京遺産　森まゆみ
日本の色を染める　吉岡幸雄
プラハを歩く　田中充子
蕪村　藤田真一
愛すべき名歌たち　阿久　悠
コーラスは楽しい　関屋　晋
ぼくのマンガ人生　手塚治虫
日本の近代建築 上・下　藤森照信
日本の舞踊　渡辺　保
千利休 無言の前衛　赤瀬川原平
やきもの文化史　三杉隆敏
色彩の科学　金子隆芳
マリリン・モンロー　亀井俊介
茶の文化史　村井康彦
床の間　太田博太郎
日本の耳　小倉　朗

絵を描く子供たち　北川民次
名画を見る眼 正・続　高階秀爾
音楽の基礎　芥川也寸志
日本美の再発見〔増補改訳版〕　ブルーノ・タウト　篠田英雄訳